助力乡村振兴
出版计划

【现代乡村社会治理系列】

现代
家庭农场

经营与管理

主　编	肖双喜		
副主编	梅　莹	董　萧	刘永芳
编写人员	董　萧	黄志友	李广梅
	刘永芳	梅　莹	徐　玲
	肖双喜	张贵友	

时代出版传媒股份有限公司
安徽科学技术出版社

图书在版编目(CIP)数据

现代家庭农场经营与管理 / 肖双喜主编. --合肥:安徽科学技术出版社,2022.12

助力乡村振兴出版计划.现代乡村社会治理系列

ISBN 978-7-5337-8623-6

Ⅰ.①现… Ⅱ.①肖… Ⅲ.①家庭农场-经营管理-研究-中国 Ⅳ.①F323

中国版本图书馆 CIP 数据核字(2022)第 222333 号

现代家庭农场经营与管理   主编 肖双喜

出 版 人:丁凌云   选题策划:丁凌云 蒋贤骏 余登兵
责任编辑:胡 铭 李志成   责任校对:程 苗
责任印制:李伦洲   装帧设计:武 迪
出版发行:安徽科学技术出版社   http://www.ahstp.net
(合肥市政务文化新区翡翠路 1118 号出版传媒广场,邮编:230071)
电话:(0551)63533330
印   制:合肥华云印务有限责任公司   电话:(0551)63418899
(如发现印装质量问题,影响阅读,请与印刷厂商联系调换)

开本:720×1010 1/16   印张:9   字数:116 千
版次:2022 年 12 月第 1 版   印次:2022 年 12 月第 1 次印刷

ISBN 978-7-5337-8623-6   定价:32.00 元

"助力乡村振兴出版计划"编委会

主 任
查结联

副主任
陈爱军　罗　平　卢仕仁　许光友
徐义流　夏　涛　马占文　吴文胜
　　　　　董　磊

委 员
胡忠明　李泽福　马传喜　李　红
操海群　莫国富　郭志学　李升和
郑　可　张克文　朱寒冬　王圣东
　　　　　刘　凯

【现代乡村社会治理系列】

[本系列主要由安徽农业大学、安徽省委党校（安徽行政学院）组织编写]

总主编：马传喜

副总主编：王华君　孙　超　张　超

出版说明

　　"助力乡村振兴出版计划"(以下简称"本计划")以习近平新时代中国特色社会主义思想为指导,是在全国脱贫攻坚目标任务完成并向全面推进乡村振兴转进的重要历史时刻,由中共安徽省委宣传部主持实施的一项重点出版项目。

　　本计划以服务乡村振兴事业为出版定位,围绕乡村产业振兴、人才振兴、文化振兴、生态振兴和组织振兴展开,由《现代种植业实用技术》《现代养殖业实用技术》《新型农民职业技能提升》《现代农业科技与管理》《现代乡村社会治理》五个子系列组成,主要内容涵盖特色养殖业和疾病防控技术、特色种植业及病虫害绿色防控技术、集体经济发展、休闲农业和乡村旅游融合发展、新型农业经营主体培育、农村环境生态化治理、农村基层党建等。选题组织力求满足乡村振兴实务需求,编写内容努力做到通俗易懂。

　　本计划的呈现形式是以图书为主的融媒体出版物。图书的主要读者对象是新型农民、县乡村基层干部、"三农"工作者。为扩大传播面、提高传播效率,与图书出版同步,配套制作了部分精品音视频,在每册图书封底放置二维码,供扫码使用,以适应广大农民朋友的移动阅读需求。

　　本计划的编写和出版,代表了当前农业科研成果转化和普及的新进展,凝聚了乡村社会治理研究者和实务者的集体智慧,在此谨向有关单位和个人致以衷心的感谢!

　　虽然我们始终秉持高水平策划、高质量编写的精品出版理念,但因水平所限仍会有诸多不足和错漏之处,敬请广大读者提出宝贵意见和建议,以便修订再版时改正。

本册编写说明

当今时代需要农场管理方面的科普性读物。2013年以后,社会上有许多关于农场发展的咨询电话打到了安徽农业大学。但没有哪个老师能妥善解决一个农场发展中涉及的诸多问题。高校学科分得较细,一个农场的问题林林总总,包含了多个学科。农业经济学系的年轻老师们开始试着解决这个问题,首要目标就是编纂一本能解决中国农场管理问题的教材,不仅为国家培养可在乡村振兴一线实战的人才,也可以帮助年轻人更好地在乡村发展。

本书内容共分九章,第一章主要交代成书背景与农业发展阶段;第二章讲授农场的规划与设计,解决农场选址、布局设计等一系列问题;第三至四章主要阐述农场生产要素管理,内容包括土地、水、肥料、农药、种子;第五至六章,分别讲授种植与养殖管理,重点解决生态技术与应用问题;第七章是本书的特色板块,主要讲述农场服务业管理;第八章是营销管理,提出区域公用品牌与农场个体品牌协调发展的策略;第九章是农场联合,主要介绍了农场联合的策略。

本书编写的最早发起者是姜含春教授。编写的老师包括李广梅(第三章),张贵友、董萧(第四章),梅莹(第六章),刘永芳(第九章),肖双喜(第一章、第五章、第八章),徐玲(第二章部分内容),黄志友(第二章拓展阅读材料,第六章部分内容)。除执笔老师外,还有研究生、本科生参与调研与资料整理,国内以程存旺博士为代表的农场主给予了积极的帮助,以栾敬东教授为代表的学院、学校领导也给予了持续、有力的支持。在此一并表示诚挚的感谢。

目　录

第一章 绪 论

▶ 第一节 概 念

一 现代家庭农场

现代家庭农场是指以家庭成员劳动为主,充分利用现代科技,具有综合效益最大化特征的当代农业生产经营主体,多注册为家庭农场。现代家庭农场业务既包括现代农业的各项生产活动,也包括与现代农业相关的加工、服务、消费等活动。

二 现代家庭农场管理

现代家庭农场管理是指对现代家庭农场各项事务的计划、组织、实施、控制、反馈等,具体包括农场规划、生产要素管理、种植管理、养殖管理、消费性服务业管理、营销管理以及在农场基础之上的合作管理等。

▶ 第二节 农业发展史

从历史发展的视角看,农业发展有其客观必然性。农业发展的过程就

是人类认识自然、改造自然和利用自然的过程。农业发展与文明发展相对应，根据相关研究，世界文明已经经历过原始文明、农业文明、工业文明，正在进入生态文明，与此相对应的农业如下。

一 原始农业

原始农业是人类初步认识植物生长的规律，进而掌握生产粮食与蔬菜的原始方式的阶段。这一时期农业基本知识虽然非常原始，但给人类带来了远比采摘要多得多的食物，并促进了农业文明的形成与发展。华夏文明是最早的农耕文明之一，"刀耕火种"是其主要技术特征，此时期农业生产产量低且不稳定。

二 传统农业

传统农业是人类在数千年积累经验的基础上，掌握了较为全面与翔实的农业种植、养殖、工具使用等经验，形成了以铁犁、锄头等工具为核心，人、畜力为基础的农业生产体系。但对现代的物理、化学、生物等知识基本没有应用，我国几千年来的农业就是这种类型。目前，在我国一些偏远地区，仍然有一定的传统农业存在。我国传统农业主要利用人工直接进行农业生产，其生产成本高、产量低，但质量较好。由于人类干预能力不强，传统农业对环境没有显著破坏，是一种可持续发展的农业模式。

三 石化农业

石化农业是以美国为代表的西方国家研究出来的一套技术体系所支撑的农业。其主要使用化学、物理、生物等技术，直接干预农业生产。由于现代科技的发展，虽然人类对农业干预非常广泛而深入，但相对于人工干预，实际成本得到了大幅度的降低。所以在世界范围内，石化农业对传

统农业形成了广泛的替代。由于人类直接干预技术仍然存在较多的缺陷,石化农业虽然有效地提高了粮食产量,但也造成了严重的环境污染,并且导致农业生产的物质成本大幅上升,是一种不可持续发展的农业模式。目前,石化农业已经在向现代农业转型。

四 生态农业

生态农业是支持生态文明的新型农业,也是现代家庭农场发展的具有最高水平的现代农业。对于我国具有丰富传统经验的农户来说,只要恰当运用现代科技,生态农业的综合成本会逐渐低于石化农业,将成为我国未来农业的主体。未来的现代家庭农场会成为生态农业经营的主力军。

▶ 第三节 智慧农场与现代家庭农场

一 智慧农场概念

智慧农场的概念源于 20 世纪后半叶出现的精准农业,是为解决农业发展中遇到的水土流失、环境恶化、田地差异等问题,利用物联网技术、地理信息技术、大数据等,让农业生产人员实时掌握关键农情数据,配合专家进行系统的诊断,针对不同农情进行精准施肥、精准用药,实现降低成本、提高产量、减少环境污染和温室气体排放等目标。随着人工智能、物联网、大数据等一系列新一代信息技术的发展,美国、日本、德国、挪威、荷兰等众多发达国家陆续建成高度自动化的智慧农场,引入了"无人农业"的概念。

二 智慧农场与现代家庭农场融合

（一）智慧农场发展阶段

我国正处于从农业机械化到农业智能化和无人化的起步阶段，农业机械和农业机器人可以在一定程度上代替人类，但是想要从劳动、管理和决策等各个方面取代人类，还有很长的路要走。从智慧农场的发展来看，可以分为三个阶段。

1. 初级阶段

初级阶段的智慧农场采用远程控制对农场的生产经营进行管理。在此阶段，农业工作摆脱了空间的约束，农场的机械设备无须人工操控，农业人员可以通过田间传感器网络、农业机械上传的工作状态数据对农业机械进行远程控制和管理。初级阶段的无人农业即可很大程度地解放劳动力，但是由于设备的智能化程度不足，尚不能完全脱离人工控制。

2. 中级阶段

在智慧农场发展的中级阶段，智慧农场的形式从远程控制演变为无人值守，农业工作进一步摆脱了时间约束。在此阶段，虽然相关人员仍然需要不定期介入生产过程，但是已不需要 24 小时在监控室内操控监测，人的身份从操控者演变为决策者，只需要制订生产计划和及时解决机器无法处理的突发情况即可。

3. 高级阶段

智慧农场发展的最终阶段，就是人类可摆脱一切和农业作业的关系，农场具有一切的农业规划、农业决策、农业作业的能力，可以完全自主地完成一切农业工作，人类只需要享用已经收获的农产品即可。这也是农业发展未来的设想，目前科技还难以实现。

(二)智慧农场与现代家庭农场融合

1.目标融合

智慧农场发展的最终目标不是形成完备的智能技术，而是在保护自然环境的同时，为人类提供健康、丰富的食物。而这正是现代家庭农场的最终目标，所以两者会在最终目标上实现融合。

2.技术融合

现代智慧农场发展主要依靠现代人工智能技术、信息化技术、自动化技术等。现代家庭农场可以充分利用各类以传统经验为基础的生态技术，并实现智慧技术与生态技术自然融合。

3.业务融合

智慧农场从无人值守开始，不需要人类直接从事农业生产，但智慧农场并不是没有人参与其中。相反，智慧农场除农业外，还有非常丰富的与农业相关的各类产业。以农业为基础，智慧农场可以发展以种养业为基础的农产品加工、农业服务业，实现三次产业融合发展。而现代家庭农场除农业生产功能外，更多的是人的消费性业务集聚地。智慧农场与现代家庭农场在更高效的集体平台上也会实现业务统一，都可实现"三产融合"。

第二章 现代家庭农场规划与创建

▶ 第一节 现代家庭农场规划

现代家庭农场是以家庭成员的劳动为主体,以生态技术为基础,充分利用现代科技与管理知识,从事农产品生产、加工、营销与消费的一体化新型经营主体。现代家庭农场规划是指对农场创建与发展所做的具体设计与长远计划。根据相关规划理论,可将农场规划分成四个部分,下面逐一展开。

一 环境分析与农场选址

(一)农场发展环境分析

创建农场之初要进行明确的地址确定,在此基础上,再分析其宏观与微观环境,然后确定农场的方向、特色、产业等具体内容。除与污染源至少有2千米距离且5年内未发生过任何污染事故外,现代家庭农场的选址还应主要考虑以下因素:

1.宏观环境

宏观环境是指农场必须适应的各种大趋势。农场作为经济发展个体,基本没有改变宏观趋势的可能性。宏观环境具体包括政策、人口、经济、文化、科技、自然等6个方面。宏观环境分析的目的就是为了明确不可逆的宏观发展趋势,并以此为依据来确定农场的发展方向。

(1)政策环境分析。指分析农场所在区域的政策趋势,其内容包括当地政府出台的文件、主要领导讲话、各类补贴政策等。有的地方鼓励规模化农业发展,现代家庭农场创建则难以得到政府补贴与相关政策支持;有的地方政府鼓励环境保护,现代农业就会得到较大力度的支持。

(2)人口环境分析。指创建农场应分析本地市场的人口总量与结构,具体到人口结构特征,并分析可能的目标顾客规模与潜力。一般情况下,性别与年龄结构具有较大的影响。

(3)经济环境分析。指分析农场所在区域的经济总体发展阶段、总体收入水平、分层次收入水平以及相对购买力水平,为农场寻找目标顾客奠定基础。从经济规律来看,收入水平越高,人们越愿意购买高质量的产品。

(4)文化环境分析。其目的是确定消费者需求,根据区域文化、区域亚文化,分析消费者偏好与购买习惯,确定农场供给的产品以及促销方式与促销重点。文化可以理解为一群人的共同理念与行为方式以及共性知识。目前现代家庭农场可以通过自己的努力对农业附着的文化进行开发,以满足消费者内在成长型的文化需求,如将农场与传统农业结合,将传统的农具、农业节庆、农产品加工方式整合成文化教育的项目,甚至可以利用农业知识解读汉字,将农场打造成为传统文化传承的载体。文化决定消费偏好,掌握了区域文化,就基本掌握了区域消费偏好。

(5)科技环境分析。科技环境是指当代科技发展的主要趋势。通过对我国农业育种技术以及人工蛋白质、人工淀粉合成技术分析可知,当前我国粮食安全问题已经得到解决。通过对核聚变发电技术商业化应用前景的预测,我国未来极有可能在核电应用方面取得重大突破,再加上植物工厂系统的应用,可知我国未来粮食供给能力将更加强大。对于农场

来说,不能仅局限于关注农业科技的发展变化,也应关注包括通信、电力等会对人们的生产生活产生影响的科技发展趋势。

(6)自然环境分析。指分析当地自然环境的特征,设计好农场的生态过渡期,找到适合本地的农产品以及种植方式,同时根据自然环境特征确定农场选址与服务方式。另外,一个农场的基础设施建设一定要考虑到当地自然环境特征,尤其是风力、降雨量、降雪量极值等变量。实践中众多农场的温室大棚之所以被风吹、被雪压,多数是因为对自然环境相关变量缺乏准确分析导致的。

2.微观环境

(1)农场主自身条件分析。农场主自身条件主要包括农场主自身的能力与意愿。发展农业虽然被许多人认为非常简单,但在实践中农业却是一个难度非常高的产业。一个人如果仅仅为了收入或者闲适的生活而去发展农业,可能会遭到"当头棒喝"。所以,认真分析自己的内在需求、能力和条件是非常有必要的。

农场主要从内心真正热爱农业。农场主要在内心认可农业,而并不仅仅将其当作赚钱手段。只有农场主愿意亲自投入时间与精力时,他才能真正解决农业生产和经营中出现的问题,同时才能够取得消费者的信任,真正解决营销难题。而当农场主真正全身心投入时,就意味着他要进行体力劳动,而这是当前许多年轻人无法认可的事。因为劳动已经成为许多年轻人无法承受的负担。

农场主必须要有相对全面的知识与能力。因为农场分布相对分散,任何一项业务依赖于外界服务势必会增加成本,所以农场主要有相对全面的知识与能力才能降低农场经营成本。这也是农场主培养与其他专业人才培养的最大区别所在。特别像机械操作、运输等体力工作,对于一个农场主来说也是必须要具备的技能。

农场主要有家庭与平台的支持。农场主个人意愿与家庭其他成员不一致,其发展与耐挫折力都会大幅降低。家庭的支持会使农场主具有更强大的力量和决心,同时也具有更强的耐挫折力。此外,由于农场单独发展会面临着较高的经营成本,所以找到可以借力的平台是农场主发展业务的重要手段。如果一个地方具有较好的发展基础,有可用的生产与营销平台,农场业务发展成本会显著降低;如果一个地方缺乏这样的平台,则在投资时应慎重。

(2)消费者分析。明确农场的消费者,知晓其购买意愿、购买能力,并能大致判断出农场的销售额。部分农场主在发展初期,利用众筹方式聚集消费者,这也是一种非常好的消费者分析方法。众筹本身就是一个寻找消费者、分析消费者、满足消费者的过程。根据消费者特征,可以确定农场以后的生产、经营以及宣传方式。

(3)竞争者分析。明确农场直接与间接竞争对手的数量、特征、优势、劣势,并力争与之形成错位竞争。竞争对手之间的合作与竞争是现代家庭农场发展的强大动力。当然,从我国目前发展现状来看,现代家庭农场的真正竞争对手并不是其他现代家庭农场,而是消费者生态知识的缺乏,即消费者的消费意愿。

通过宏观与微观环境分析之后,农场的发展方向、特色、产业就可以基本确定下来了。根据SWOT(一种基于内外部竞争环境和竞争条件下的态势分析方法)分析结果,来确定农场的发展方向;根据消费者稳定的需求趋势与自身能力,来确定农场的特色;根据农场特色,来确定具体产业。

(二)农场地址选择

1.市场因素

现代家庭农场要特别重视生产与消费的衔接,所以不能过度远离消费市场,两者距离以不超过 2 个小时的车程为佳(自然条件特别好的农

场除外）。如果农场服务的消费市场相对集中,需求稳定,并可找到对接的志愿者,农场创建就解决了市场这个最重要的影响因素。对于远离消费市场的地区,短期内不宜创建现代家庭农场。只有在地区市场环境得到较好的改善之后,才有可能自然形成。

2.地形因素

地形因素虽然对农场选址没有决定性影响,但是会导致不同的建设成本。如果农场有天然的隔离带,如山峦、河流、道路、林带等,那就可以规避其他地区使用化肥、农药的影响,从而降低生态恢复的成本。如果没有天然的隔离带,一定要进行规划与建设。隔离带既有隔离与生态恢复的作用,也有防治杂草、美化环境的作用,要根据地形灵活设计。尤其是平原地区,隔离带对预防病虫害的作用非常大。

3.水利因素

现代家庭农场要求有独立的水源,并且水质须达到Ⅱ类标准。而现在普通农区的水质,因面源污染,85%为Ⅲ类及以下地表水标准。因此,现代家庭农场需要有独立的优质水源。如果因客观原因,无法将农场与其他农区水源独立,那么一定要建设独立的灌溉与排放系统。如果一个地区无法解决水源问题,则不宜建设现代家庭农场。

4.道路因素

现代家庭农场须距离交通主干道1千米以上,以避免汽车尾气带来的重金属污染。同时,现代家庭农场由于多是生产与消费相结合,所以必须要有相应良好的通达能力。如果当地交通能满足旅游通达、机器耕作、便捷运输这些条件,道路因素则可得到较好满足。

5.社会因素

农场可以得到的社会支持也是非常关键的有利因素,这里的社会支持是指与当地的社会文化、社会关系等相关的社会支持。现代家庭农场关键性资源都在室外,存在偷窃、损毁、污染等各种隐患。农场如果建立在社会风气良好、社会关系和谐且可得到社会支持的地方,各类生态方法就可以大胆使用,进而解决生产与营销成本偏高的问题。现在许多地方连稻鸭共养方法都不能使用的重要原因就是偷窃,所以社会因素是非常重要的。除社会风气与社会关系外,农场如果有养殖业务,其养殖点距离居民点一般要在 1 千米以上,并且要有除臭等设施或者措施,这是避免社会矛盾的基本要求。

二 农场布局

(一)农场布局原则

(1)能降低物流成本。最大化地降低物流、仓储成本,降低各产业间的物流成本。

(2)兼顾生态适应性与市场需求,便于各产业协调发展。农场布局产业时,首先应当考虑生态适应性,保证农场生态与环境匹配,保证动植物健康;其次,要考虑市场需求,可充分满足顾客的营养、休闲需求;最后,要利于各产业轮作、间作或套作,形成相辅相成的产业体系,利于杂草与病虫害控制。

(3)便于生活与发展休闲旅游路线。布局要便于生活居住,便于顾客采摘、体验与观光(形成环路)。在布局时,要保证各个旅游项目能连成一体,保证休闲观光产品的完整性与有效性。

(二)农场布局内容

农场布局包括功能区布局,以及建立在功能区布局基础之上的隔离带布局、生态保育带布局、产业布局、建筑布局、水体布局、道路布局、观光项目布局等。需要在图纸上将各个区域进行规划,并标注出具体内容。

1.功能区布局

一般来说,现代家庭农场一般需要规划综合生产区、休闲体验区和管理服务区等 3 个主要的功能区(表 2-1)。具体论述如下:

表 2-1 现代家庭农场主要功能区

功能区	选址	建设内容	主要功能
综合生产区	农场种植、养殖、加工等地区	发展粮食、蔬菜、水果等种植及畜牧、水产等养殖	生产、初加工、休闲观光、储存等
休闲体验区	农场服务区与生产区之间	草坪、广场、土灶、活动大棚、养殖棚等	农事体验、瓜果采摘、自然教育、展览等
管理服务区	农场入口区域或主建筑所在区域	管理、停车、餐饮、住宿、销售	为游客提供综合服务

(1)综合生产区承担农场生产功能,主要包括种植或养殖部分。地势平坦地块,若水源较好,且便于机械耕作,则从事粮食生产较为适宜。为降低病虫害控制成本,可结合具体种植品种,发展种养结合,如稻鸭共养、玉米鹅共养等。因此,需要在粮食产业布局时规划好养殖业发展所需的水沟、养殖棚、饲料房等基本设施的用地。在种植面积较大时,为提高作物自身对病虫害的抵抗能力,利用生态保育带对各个品种进行适当分割。结合种养比例,合理配置各种作物与畜禽数量的比例。在地势起伏地块,可以发展旱地经济作物,如蔬菜、水果,并发展设施农业,以降低气候对农业生产的影响。同时,不管是种植区还是养殖区,都可根据具体条件,将其中的一部分设计成观光项目,然后利用观光道路将各类观光、休闲、采摘、体验项目连接成一个"项链",实现与农场体验区的无缝对接。

(2)休闲体验区一般包括室外、室内两个部分。室外体验区主要为前来观光的游客提供一些简单轻松的农场游戏、亲子互动、休闲观光等活动。室外体验区在规化、建设时要充分利用农场的地形,一些依山傍水的农场可以依托山水开发一些休闲体验项目,通常这些别出心裁的活动更能吸引游客参与,让他们在新鲜、刺激的活动氛围中得到在喧闹的城市中所无法体验到的精神享受。室内体验区一般会让亲子家庭进行一些手工制作活动,例如让小朋友在父母的帮助下将黄豆制作成豆腐、将草莓制作成草莓酱等。此外也可以围绕农耕文化开设趣味小课堂,例如将汉字与农业结合起来,向小朋友介绍汉字与农业的关系,包括汉字的由来及其演变历程,这将使得体验活动既有趣味性,又有教育意义。

(3)管理服务区主要是为游客提供服务的功能区域。该区域可满足游客停车、住宿、餐饮、购买生态农产品等需求。管理服务区可根据农场规模来进行设计,100 亩(1 亩≈666.7 平方米)以上规模的农场,基本服务区面积可设为 3 亩以上,其中停车场面积一般不低于 1 000 平方米。

2.隔离带与生态保育带布局

根据周围农业类型,在农场周边地区建设 8~20 米的隔离带(可参照各国有机标准,略有差异)。隔离带建设的直接目的:①隔离周边农药、化肥影响,保障农场动植物安全;②阻挡杂草种子飘移,减轻外来杂草压力并干扰害虫定向寄主植物;③美化与生态保育。除直接目的外,隔离带建设还具有心理与社会价值。心理价值体现在这个属于农场主的区域是清晰的,是农场主体产权的外在体现;社会价值在于利于社会认可,并在某种程度上防止偷盗。如果农场面积较大,还应将 5%~20%的面积用于生态保育带建设。保育带建设的核心目的是进行生态恢复,为作物害虫的天敌提供繁殖场所,有利于控制虫害。

3.水体布局

水体布局要贯彻满足生产、生活需要以及贯通农场各区域的原则。根据地形与农场需要可设计成自流式布局、游龙式布局、点状式布局等。在丘陵地区力争构建自流式布局,保证水流穿过农场,兼顾各业务板块用水与生活用水的需求;平原地区则应将河流引入,形成农场周边环绕与

内部分隔,形成游龙式布局;山区则应根据地形条件,因地制宜挖水池、水塘,形成遍布农场的点状分布。所有农场水系都应保持连通,让水"活"起来,达到"流水不腐"的基本标准。各水系中应配以各类水生植物,可起绿化环境、净化水质和繁育目标作物害虫自然天敌的作用,并能使普通的Ⅲ类水转化成Ⅱ类水。

4.道路布局

根据产业、水、建筑、休闲观光等需要,一般将农场道路分为主干道、次干道、机耕道、观光道。道路一般要设计成环路。一般情况下,农场的主入口宽度要在 5~7 米,保证农机、车辆能并行通过,用水泥或沥青铺设路面。农场次干道可以设计成 3.5 米左右宽,保证车辆单向通行,次干道也可以与机耕道重叠。农场机耕道要在 2.5 米左右宽,为保证农机晴雨天都能通行,用石子铺设较好。除这些基本的生产交通道路外,农场还应设计观光环路,供游客锻炼、参观、游览之用,道路宽以 1.5~2 米为宜,用以串联起各类观光休闲项目。观光道如果以通行车辆为主,则应设计为 3.5 米左右宽,且只能设计成单行道(中小型农场不宜设计该层次道路);如果以人行为主,则 1.5 米左右宽为最低标准,能满足两人并行,两边留有足够的路肩用于种植花草或果树,且要用生态型材质建设。具体见表 2-2。

表 2-2 农场主要道路类型及建设指标

道路类别	宽度/米	铺装材料
主干道	5~7	水泥、沥青、砂石
机耕道	2.5~3.5	石子为佳
观光道	1.5~2	生态型材料,就地取材

5.建筑布局

应以建筑物为核心,将农场在其周边展开,以便降低管理、物流等成本。农场建筑应包括生产用房、生活设施以及餐饮、厕所等基本部分。若因政府土地限制政策,可以通过建设高层生活设施、底层农业设施的特殊建筑方式加以解决。厕所采用干湿分离方式建设(该类厕所即为生态厕所,具体建设内容见拓展阅读1),将粪便混合粉碎的秸秆,转化成有机肥;而尿液兑入一定比例清水后,可直接用于作物生产,尤其是蔬菜种植。另外,与建筑布局有关的还包括室内用水、用电及网络布局。由于配合旅游,这三项布局可能会脱离建筑而单独实施。特别是无线网络,应该在农场主要观光点都要设置相应的 Wi-Fi 热点。

上述各项布局,需要以农场布局图形式表达出来,道路、水系、建筑、隔离带、保育带、产业区等要用不同颜色进行清晰标识。

三 农场产业及其支撑服务设施设计

(一)农场产业设计

1.农场产业设计原则

(1)满足社会需求。社会需求是消费者核心需求的反映,目前主要体现在 3 个方面:①健康食品需求;②休闲娱乐需求;③家庭发展需求。农场在产业设计时可以分层次满足消费者这 3 个方面需求。食品类需求要考虑市场特征与生态产品成熟度,有选择地规划设计农场经营的拳头产品。休闲娱乐需求可结合农场优势与消费者需求进行精心设计,可以将以前的"工作"吸纳进来,好的休闲项目恰恰是过去的"工作",如捕鱼、垂钓、采摘、室外大锅饭等。家庭发展类需求包括父母、子女与老人 3 类:老人的发展需求是健身、养生,所以农场里要有一些园艺活动;父母发展类活动可以设计成体育与音乐项目,如犁、耙的使用,牛车驾驶等;子女教育类需求是一个家庭发展需求的重头戏,应根据目标顾客家庭基本特征设计,如农业与汉字、农业与科学、认识与喂养动物、野外生存技能训练等。

（2）与竞争对手错位竞争、相互补充。由于现代农业发展处于起步阶段，同业竞争者之间的竞争性非常小，而共同开拓市场的合作潜力却非常大。所以，选择农场具体产业、品种、项目时应以错位竞争、相互补充为主，以便及时开拓市场，共同促进新产业的形成。

（3）适应当地自然环境与传统消费习惯。现代农业强调"食在当地、食在当季"，所以生产的产品需要选择当地最合适的品种。充分考虑当地的降水、温度、湿度、地形特征等，再结合社会需要设计具体的品种。一些非本地区产品或非应季性产品，虽然市场需求高，但病虫害控制成本过高，且口感不佳，并不是现代家庭农场应追求的产品。另外，传统消费习惯是市场需求背后的巨大影响力量，人们对口味与外形的偏好与传统习惯有关。这是农场选择具体产业、产品时必须考虑的因素。

（4）考虑农场生产与经营管理能力。农场管理者的能力、生产设施水平决定了产业的选择。而一旦主导产业确定后，产业之间的关联性又决定了其他产业与产品的确定性。

2.农场产业设计数量与内容

（1）产业数量。主导产业以 1~2 个为宜，最多 5 个。过多，农场可能难以管理；过少，农场会出现季节性闲置，不仅经济效益下降，还会给农场生态、经营稳定性等带来影响。这与西方农场专业化生产方向完全相反。

（2）产业具体类型与内容。

①粮食产业。稻、麦、豆、薯、玉米都是全国性产业，各地的自然环境都可以选择性发展。而且，任何农场都应该基于自给的、生态稳定的、环境美化的目标，发展一些粮食生产。粮食品种可以分季节种植，并考虑到机械化种植的必要条件，如机耕路、与地方其他农场茬口一致性等。现代家庭农场的粮食产业设计应以质量为首要目标，建议将口粮单产控制在每

亩450千克左右,同时配套相应的养殖业。

②蔬菜产业。根据当地需求与传统进行设计。对于以CSA(community support agriculture,即社区支持农业)形式配送的农场,务必保证各类蔬菜齐全,以满足家庭的多样化需求。在一个农场无法满足的条件下,可联合多家农场进行供给。虽增加了难度,但可以增加效益并保持生态稳定性。适度发展设施蔬菜,提升供给品种的丰裕度。

③瓜果产业。传统品种与新品种并存。对于一个以生产瓜果为主的农场,可以选择传统品种为主,如草莓、西瓜、水蜜桃等,再配合一些较新的品种,以增加吸引力,如蓝莓、网纹瓜等当地相对较少的品种。

④中草药(庭院)产业。中草药既可以作为农场的主导产业,也可以成为农场的支撑性产业,但一定是所有农场都应该具备的产业。其原因如下:一是中草药药效因为化肥、农药的广泛使用而出现退化现象,需要现代家庭农场给予质量提升;二是中草药本身驱蚊、防虫、治病、美化等功能可以与现代家庭农场的庭院建设结合,还可以与作物病虫害的生态防治结合;三是中草药本身就是中国传统文化的一部分,传承传统文化是生态型农场发展生态旅游的重要功能之一。综合来看,好的现代家庭农场必须要有中草药产业,并学会基本的开发利用。以安徽南方家庭经常种植的凤仙花为例,此花不仅易于种植,且花形美丽,更是许多女孩美甲的常用染料;同时,凤仙花的根、茎、种子都可入药,常用于治疗灰指甲、骨折等;此外,凤仙花还具有防蛇的作用,对提高庭院安全具有一定的帮助。由此可知,在庭院中种植各类中草药,不仅可以美化环境、防治杂草,还可以提供许多药用及安全价值。

⑤花卉苗木产业。根据市场与个人需要设计,可以将苗木建设与隔离带建设结合起来。另外,花卉本身可能就是中药材的一种,可以与中草药产业结合起来。

⑥养殖业。养殖业可以综合考虑草食类、杂食类动物。杂食类动物可以消化农场各种生产生活剩余物,而草食类动物可以将农场的各类植物秸秆进行转化。杂食类动物优先选择猪,而草食类动物优先选择羊与牛。对于不以养殖业为主的农场,养殖形式一定要充分把圈养与牧养结合起来,并保持好卫生。同时,选择的动物还要兼顾到研学、休闲等服务业需要,向游客提供多样化的动物研学项目。

⑦农产品加工产业。包括各种腌制品、酿制品、干货,主要在农产品供给超过需求时,将多余的产品进行粗加工或较深加工,既避免浪费,又可以增加农场产品供给多元化,还能形成新的利润点。加工农产品与新鲜农产品一样,都要使用农场主自主品牌。

⑧休闲观光产业。包括餐饮、住宿、采摘、观光(根据能力设计)、娱乐、研学等方面。在以采摘为主的农场里,要注意品种搭配,保证采摘的持续时间最大化,如桃子采摘,只要品种搭配合理,可以从 5 月份延续到 11 月份。

3.农业产业发展模式

一般现代家庭农场发展模式包括复合种植模式、复合养殖模式、种养结合模式、"种养游"结合模式、"种养加游"模式。根据地理环境、农场规模、专业化程度、农场经营者个人意愿与素质等决定。具体模型如下:

(1)复合种植模式。如果周边具有养殖业,循环可以在区域内、城乡内进行,农场可以是单纯种植型的。可以采用间作、套作、轮作发展复合生产,提高复种指数,最终在保证产品质量的同时,提高耕地全年总产量。此模式适合于纯农业,对于刚刚开始起步,或缺乏足够种养结合经验的农场主,也较为合适。

(2)复合养殖模式。立体养殖,是在同一空间发展多层次养殖。该模式也需要在一定区域内与种植业结合。如鸭、浅水鱼、深水鱼混养,牛、鱼、蚯蚓立体养殖等。此模式适合于远离城郊适宜发展畜牧业的丘陵山区（可以防风传疾病）、水乡或北方牧区，也适用于刚刚起步的农场。

（3）种养结合模式。在农场内部实现种植业与养殖业相结合模式，其主要目的是形成种养业之间的物质与能量循环，提升产品质量，同时降低物质投入成本，并减少农业废弃物对环境的污染。这是现代农业发展的基本模式，不管是种植农场，还是养殖农场，最终都应该成为种养结合农场。

（4）"种养游"结合模式。此处的"游"是指观光、研学、采摘、农事体验、农家餐饮、民宿结合体，为简便起见，简称为"游"。"种养游"结合可以解决农业劳动力季节性闲置的问题，同时提高农场收入与解决农场产品销售难题。若以"游"为农场主要目标，所有的种植与养殖都应以"游"为定位，重新设计产业发展规划。目前许多农场以休闲农业为主，但忽略了种养业，导致其发展失去有效的农业支撑，出现后劲不足的现象。

（5）"种养加游"模式。这是日本近年兴起的现代农业模式，在日本被称为第六产业（即 1+2+3 产业或 1×2×3 产业）。这里的"加"实际上指的是农产品的初加工，如一些风味小吃与咸菜不仅是科学加工的产物，更是农场主艺术化的产品，具有强烈的个人色彩。该模式出现的原因是一部分农产品需要简单加工才可以保存，或者更加美味、更有营养；而农场只有具备了加工能力以后，才会有更稳定的经营，防止产品在供过于求的情况下产生浪费。目前分享收获的草莓酱、百欧欢的咸菜都在其客户中拥有较好的口碑。在"种养加游"模式中，三次产业相加与相乘关系是不一样的：对于相加的三产融合来说，仅仅是三次产业叠加，但三次产业并没有实现真正的相融，不是缺一不可；而对于相乘的三产融合来说，三次产业不仅实现了叠加，更实现了深度融合，即种植与养殖不可分离，种养与旅游不可分离，加工与种养、旅游都不可分离，这其实就是在农场内部

实现了三次产业融合,也是真正的三产融合。

(二)农场支撑服务设施设计

1.相关配套建筑与电力、网络支撑体系

一个完全意义上的现代家庭农场至少应该具备生产、服务两大功能,要实现这些功能需要有相应的建筑,每个农场应该根据自身的定位以及发展阶段有计划地进行功能区建设。生产区承载农场主要的生产功能,生产区建筑主要包括库房、晒场、温室大棚等,这些建筑对现代家庭农场来说是必不可少的,应该在生产开始之前就建设完成。服务区也要有相应的配套建筑。分别介绍如下:

(1)库房。农用物资的存放,农产品的初级加工、储藏、分拣、包装等环节都需要在具备一定条件的室内环境中完成,因此一个功能齐全的库房是所有现代家庭农场都应该具备的。在库房建造之前要根据农场的产业发展情况大致确定库房的面积和相应的功能间,例如农资(种子、肥料等)储存间、保鲜冷冻间、粮食储藏间、农产品包装配送间、农机存放间等。

(2)晒场。粮食作物和油料作物通常需要经过晒干处理,达到安全贮藏水平后才能进行贮藏,例如水稻、小麦、油菜、花生等。虽然目前针对农产品推出的低温烘干设备能够便捷高效地解决农产品的烘干问题,但是设备的购买成本和使用成本很高。有学者专门对烘干设备的效益进行了分析,在作业面积低于120亩的情况下,人工晾晒的成本要低于机械烘干。因此对于现代家庭农场来说,如果需要进行烘干作业的农作物种植面积不是特别大,那么建造一个标准化的晒场是有必要的。另外,好的晒场其实也是一些休闲活动的场所,如篮球、游戏等。

(3)温室大棚。温室大棚是现代农业中一项重要的物理设施,它可以防寒保温,调节果蔬的栽培期,延长作物的生长期,并且可以抵抗一些自

然灾害。温室大棚一般可以分为日光温室、玻璃温室、塑料温室、塑料大棚等,应用较广的是日光温室和塑料大棚。日光温室也称暖棚,在我国北方地区应用最广,在寒冷的冬季,棚内温度也在 8℃以上,无须加热,仅靠太阳能就能进行果蔬的越冬栽培。塑料大棚在我国南北方都有使用,但是在用途上存在区别,北方的塑料大棚主要在春、秋季提前或延后栽培使用,而南方的塑料大棚可以用于越冬栽培。

(4)农耕体验馆。农耕体验馆可以给一些需要在室内开展的活动项目提供活动空间,例如教小朋友画画、制作手工艺品、做亲子游戏等。其他时候农耕体验馆也可以作为面向社会开放的生态教育培训的场所。此外,体验馆还可以将我国不同历史时期农耕用具、手工业用具等用复刻的方式进行展览,例如犁、耙、秒、水车、风车、石磨等,透过不同时期农业劳动工具的变化,让游客体会到我国古代农业是如何发展进步的,既具有教育意义,同时又丰富了农场的文化内涵。

(5)生态餐厅。设计一个有特色的餐厅对具有服务功能的现代家庭农场而言是非常必要的,通过提供舒适自然的就餐环境和丰盛美味的生态餐饮,能够让消费者对农场产生深刻的印象,对农场营业收入的增加、口碑的提升都有极大的帮助。生态餐厅在设计时要摒弃高端、豪华的设计理念,应该在体现其乡土性、生态性设计上下功夫。

具体来说,在设计时应该立足于当地的地域文化条件,借鉴具有民族特色和地域特色的建筑风格,例如徽派建筑、京派建筑、川派建筑等。这些各具特色的建筑在今天已经比较少见,如果将这些建筑风格运用到餐厅设计中与生态理念相结合,一定可以给消费者带来不一样的体验。北京的小毛驴市民农园食堂(图 2-1)的建筑风格有点像北京的四合院,内部的布置很有乡村气息,可同时容纳 60 人就餐。有意思的是,在就餐结束后游客可以体验用麦麸代替洗洁精来清洁餐具,体现了生态环保的理

图 2-1　小毛驴"驴家食堂"

念,既有创意,也非常实用。

(6)客房。客房也是现代家庭农场中一项重要的服务性设施。客房在设计时除要满足基本的住宿需求外,还应该加入一些有特色的设计,给游客提供不同风格的主题客房,如乡间民宿、集装箱客房、营地帐篷等,让游客有更多的选择。另外,客房在布局时应该选择向阳、地势平坦、视野开阔的安静地带,让游客白天能够透过窗户欣赏农场风景,晚上可在静谧的环境中入睡。

(7)生态超市。很多游客在参观完农场后,希望能购买一些农场生产的土特产品,作为礼品带回去送给身边的亲戚朋友,生态超市可以满足游客的这一需求。生态超市一般不独立建造,而是与餐厅或客房设置在一起,这样可以方便游客购物。例如小毛驴的超市就是和餐厅连在一起的,餐厅和超市在建筑上相互统一,功能上有所区分。

(8)生态停车场。由于现代家庭农场多分布在城市的郊区或农村,距离市中心较远,所以多数游客选择自驾的方式前往。当遇到节假日或者农场举办活动时,如果没有一个容量足够的停车场就会给游客停车造成麻烦,甚至导致游客对农场产生不好的印象。

生态停车场建设的原则是自然协调、高绿化、高承载、低碳环保。为了践行这些原则,现代家庭农场在设计停车场时宜采用"小组团、大分散"的布局,不必专门划出一大块区域用于建设停车场,因为这样非常浪费土地,正确的做法是在农场的各个功能区利用闲置的土地分散建设多个小型的停车场,这样相对来说既节省了土地,也提高了停车的效率。在形式上,生态停车场可以采用露天的形式,地面铺设草坪砖,种上草坪草,也可以搭建木质廊架用藤蔓植物覆盖遮阴。

(9)生态厕所。农场厕所的地位较为重要,采用粪便分集式生态厕所较为合适。"粪便分集"顾名思义就是将粪、尿分开收集,尿液由贮尿桶(池)收集后进行发酵,粪便则是直接排到贮粪池,每次如厕后用秸秆粉碎物,或者草木灰、锯末、稻壳等进行覆盖,再盖上盖板,可以遮盖异味(图2-2)。关于粪尿分集式生态厕所的建造和使用方法,见拓展阅读1。

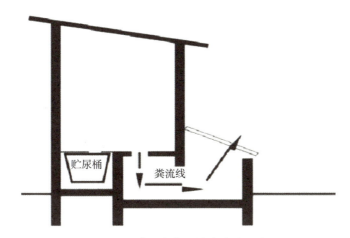

贮尿桶

粪流线

图 2-2　粪尿分集厕所建造原理图

(10)其他设施。农场电力系统是保障农场日常运营的重要因素,应根据对规划区域的资料分析,如经济、人口数量、气象、水文、地形资料等,以及农场产业的布局、建筑和农业设施的数量与位置等来规划农场的电力系统。农场电力规划包括生活用电和农业用电,按照规划的功能分布,具体包括员工生活用电、照明用电、电气设备用电、基础设施用电、服务性设施用电、生产用电等。随着信息化的发展,网络也成为农场中的基础设施之一。农场的网络分为无线和有线两种,无线网络主要提供给前来

参观的游客使用,有线网络主要用于农场的物联网、监控等。其中无线网络布设可采用室外客户终端设备 CPE+AP 接入点无线解决方案,在农场的中心处和四周架设 CPE 设备,可以实现无线网络的全覆盖,而且省去了布线的麻烦。在农场的主干道和观光道应设置单侧或双侧的太阳能路灯,每盏路灯以间隔 40 米左右为宜,如遇弯道、山路等地形应根据实际情况增设路灯数量。农场的各功能区的建筑旁应设置庭院灯,庭院灯的设置间距以 5~10 米为宜,能满足夜间出行照明即可。另外在农场的观光道、广场等地可适当布置一些草坪等作为点缀,以提升夜间的灯光美化效果。

2.设施与工具

农场基本设施与工具涉及生产、储藏、运输 3 个方面。生产设施与工具包括水泵、输水管、滴灌设备、拖拉机、收割机(要求配有秸秆粉碎设备)、喷雾器、弥雾机以及一些基本除草工具,如镰刀、耙刮、钉耙、锄头等;储藏设施包括晾晒(晾晒场或烘干机)、储仓等;运输工具则包括冷链运输车、一般运输车等,一般优先选购皮卡车,可人货两用。

四 农场服务系统设计

(一)农场管理体系设计

农场主是农场最高决策人。如果农场规模较小,农场可以不设专门的管理机构,一切事务都可由农场主个人完成。但如果农场规模较大或者业务复杂,农场主个人不可能完成一切事务,这种情况下就必须建立起合适的管理体系。

农场管理体系可以根据业务类型建立。对于现代家庭农场来说,因生产复杂,必须要有一个专业的生产管理者,可以任命为生产经理或基地经理。生产经理主要负责种植与养殖事务,在规模较大的情况下,还要增设种植经理与养殖经理,并聘用相应的专业员工。营销经理必须配备,因为现代家庭农场销售是目前最大的难题,所以设立一个专门的营销经理岗位非常有必要。营销经理不仅要完成农场产品的销售,还要进行品牌建设、客户维护等工作。在规模较大的情况下,可以配备专业销售业务员。灵活设置服务业经理或研学经理。对于成熟的生态来说,设立服务业经理或者研学经理是未来发展趋势。因为农场服务业的专业性,研学项目的设计、实施、沟通等都需要专业人士才可完成。研学经理主要职能是管理好农场各项服务业,包括研学、餐饮、住宿等。以上3个职位是一个成熟现代家庭农场的基本支撑架构,各农场可根据自身特色设立或兼职各个岗位,如财务、会计、营销、服务等。

(二)农场财务管理体系设计

农场的财务系统非常重要,它提供的信息是判断农场营利能力、对外融资交流以及获得政府补贴的基本依据。企业应在通用会计准则的基础上,设计一套会计科目与核算方法,以支持农场主导产业的健康发展。小农场的会计人员可以由农场主兼任,规模农场的会计人员应由专业会计人员或由其他人员兼任。

在农场自有资金并不充裕的情况下,必须要保证有稳定的融资渠道。因为农业对流动资金的需求较大,资金链断裂是许多农场中途失败的最根本原因。在项目市场前景有保证的情况下,可从以下几个渠道获得资金:

(1)商业银行。目前农村商业银行、中国农业银行、中国邮政储蓄银行都负有支持农业发展的任务,只要项目合理,完全可以到这些机构申请长期贷款。

(2)团队融资。稳定的团队是融资最可靠的来源。部分农场资金链断裂并不是真的没有资金投入,而是团队成员观点不一致,拒绝进一步投资。所以,保证资本投入的根本办法就是有一个可靠的、理念一致的团队。

（3）顾客共享融资。利用新媒体，找到农场的目标顾客（消费者），然后通过将农场与消费者共享的方式进行融资。农场最终是大家的农场，对消费者而言，如果能投入较少而获得稳定、优质的农产品供给，预先投资并不是坏事；同时，由于资金投入不大，且自己具有参与权，消费者在经营团队可靠的情况下，一定愿意预先投资。值得注意的是，政府补贴是农场控制财务风险的有效力量，但我国目前还没有明确的法律支持现代家庭农场，现有的补贴都是各地方政府出台的政策性文件所带来的，所以并不可靠。这些补贴大多是锦上添花，而非雪中送炭，一般不能作为农场资金的支持体系。

投资成功后，降低风险也是必须要掌握的基本方法，从现有农场的发展经验看，科学规划、分步骤投资、上一些短平快项目都是减少风险的可靠办法。另外，降低农场风险可以考虑借助多元化业务的开展，这既是农场生态发展的内在需要，也是稳定收入、减少风险的有效办法。此外，虽然政府补贴不宜作为农场资金的主要来源，但可以作为风险控制的一个重要手段。当现代家庭农场建成了政府所支持的项目时，一定要积极申报项目补贴，这既可以增加资金来源，也可有效减少农场资金风险。

（三）农场营销支撑系统设计

现代家庭农场营销与生产一样重要。因为生态农产品无法凭借感官与石化农产品进行区分，所以只能通过品牌宣传与消费体验才能让消费者判断出其间的差异，形成稳定的目标顾客群。营销支撑系统可分为以下几个部分：

（1）农场品牌。这是现代家庭农场进行营销的前提，农场在创建之初就应该设计好品牌，然后进行注册。注册后的品牌才能得到法律的保护。品牌设计时要注意名称、标志、定位等。

（2）农场营销宣传。营销宣传以品牌为载体，进行环境信息、农场主信息、生产技术信息、产品质量信息、消费信息等的宣传。通过信息宣传与消费者生态理念提升,解决信任问题。另外,农场对外公开的农事体验项目也是营销宣传的一个重要方面,既可向消费者提供各类信息,又可增加消费者的信任。

(3)农场销售渠道。现代家庭农场的产品销售无法借力现在成熟的主流渠道。因为产品质量差异与信任问题,一旦共用,品牌形象会迅速降低。因此,现代家庭农场的营销渠道一般需要单独建立。现在的销售渠道一般包括 CSA 直接配送、农夫市集、专卖店、专业生态超市等。现有全国发展较为成熟的现代家庭农场都通过配送上门的方式进行销售,这得益于我国物流产业的迅速发展。而专业的生态超市在我国还没有形成,美国类似的超市有"全食"等,可供我国生态农产品市场发展成熟后借鉴。

▶ 第二节　农场申报与创建

一　定义

由于现代家庭农场特殊的技术体系,其规模不宜过大,根据不同类型的产品,其面积在 30~200 亩,而这个规模适合家庭经营。申报家庭农场是现代家庭农场发展获得政府支持,融入地方协会、合作社的第一步。对于家庭农场,农业农村部给出的定义是"以家庭成员为主要劳动力,从事农业规模化、集约化、商品化生产经营,并以农业为主要收入来源的新型农业经营主体"。在实际工作中,家庭农场可能登记为个体工商户、个人独资企业、专业合作社、有限责任公司等,这是相关部门探索的过程。真正的家庭农场应该与合作社一样,成为一个独立的经营主体,一种特殊

的市场法人。

二 家庭农场建设要求

(一)部级家庭农场建设要求

《农业部办公厅关于开展家庭农场调查工作的通知》(农办经〔2013〕6号,农业部现为农业农村部)对家庭农场提出了7个认定条件:一是家庭农场经营者应具有农村户籍。二是以家庭成员为主要劳动力,即无常年雇工或常年雇工数量不超过家庭务农人员数量。三是以农业收入为主,即农业净收入占家庭农场总收益的80%以上。四是经营规模达到一定标准并相对稳定,即从事粮食作物种植的,租期或承包期在5年以上的土地经营面积在50亩(一年两熟制地区)或100亩(一年一熟制地区)以上;从事经济作物、养殖业或种养结合的,应达到当地县级以上农业部门确定的规模标准。五是家庭农场经营者应接受过农业技能培训。六是家庭农场经营活动应有较完整的财务收支记录。七是对其他农户开展农业生产有示范带动作用。

(二)安徽省家庭农场建设要求

(1)规模。粮油集中连片规模在200亩以上,设施蔬菜(含瓜果,下同)在20亩以上,露地蔬菜在200亩以上。生猪年出栏1 000头以上,羊年出栏500头以上,奶牛年存栏50头以上,家禽年出栏10万羽以上。规模养殖面积为100亩以上。葡萄、苗木花卉、茶叶等种植规模在100亩以上。山区不小于300亩,丘陵地区不小于200亩,平原地区不小于100亩。特种养殖业规模在100亩以上,种养结合的综合性农场规模在200亩以上。

(2)流转时间。土地流转年限在5年以上(以流转合同为准);林场经营的土地权属清楚、协议完备,土地流转年限不低于20年。

(3)有与生产经营相适应的厂房、场地和处理日常事务的场所。

（4）有与生产经营相适应的生产基础、配套设施，农业机械装备，农业生产主要环节基本实现机械化。

（5）按照质量标准和生产技术规程进行生产，生产投入品的采购和使用有详细记录，并建立档案，做到产品质量可追溯；产品销售基本上实现订单化。

（6）产品有"三品一标"认证或使用，即无公害农产品、绿色食品、有机食品或农产品地理标志，拥有自主品牌和注册商标，实行品牌化经营。

（7）运用农业科技知识和信息化手段服务生产全过程，提高生产经营水平。

（8）土地产出率、经济效益提升明显，家庭农场年纯收入 10 万元以上，其成员年人均纯收入高于本县（市、区）农民人均纯收入 40%以上；省级示范家庭农场年纯收入高于其他同类农户 20%以上，对周边农户具有示范带动效应。

三 家庭农场登记申报

开展家庭农场注册登记。鼓励符合条件的家庭农场办理工商注册登记，取得相应市场主体资格。家庭农场注册登记指导意见由工商行政主管部门另行制定。经安徽省示范家庭农场标准所认定的省级示范家庭农场为符合家庭农场各项条件，并经工商部门注册登记的符合有关示范要求的家庭农场。

家庭农场的认定须由农业经营者自行申报，申报者应向所在地乡镇政府（街道办事处）提出申请。乡镇政府（街道办事处）对照家庭农场认定标准，对申报的家庭农场进行初审，符合条件的报县（区）农业农村局审核认定。县（区）农业农村局对申请材料进行审查，对符合标准的家庭农场，由农业行政主管部门颁发家庭农场资格证。获得农业行政主管部门

认定批准的家庭农场,应到县级以上工商部门办理工商登记手续,获得法人资格。家庭农场在取得营业执照后,纳入农业部门统一的服务、扶持和管理范围。

家庭农场应有政策扶持。凡被认定的家庭农场,优先安排承担各类农业项目,优先安排国家各类支农补贴,市、县(区)财政及各类资金予以倾斜扶持。另外,市、县两级农业农村部门每年开展示范家庭农场评选活动,并对评选出的示范家庭农场进行奖补,对在家庭农场培育工作中做出突出贡献的单位和个人予以表彰。

对认定的家庭农场实行动态管理,每 2 年审定一次。对于提供虚假材料或存在舞弊行为,在经营过程中出现违法行为,发生重大生产安全事故和重大质量安全事故,业主更换没有办理变更手续,流转土地到期没有续签流转协议的家庭农场,将取消家庭农场资格,3 年内不得再次申报认定。

四 农场创建

(一)建立团队

在创建农场之前,必须要知道自己是否能成为一名合格的农场主。与在城市创业不同,创业成为一名农场主需要拥有宽广的知识与多项能力。首先,农场主要有广博的知识。与传统观念不同,现代家庭农场主必须有渊博的知识。不仅要懂种植、养殖、植保、兽医等农业知识,还要懂营销、财务等管理学知识,此外健康、营养、传统文化等知识也经常要用到。其次,农场主要有综合实战能力。与城市企业员工不同,农场主不仅要有广博的知识,更要有各项实战能力。武能下地干活,各项劳动技能样样精通;文能写方案、拍视频、做直播、营销、教育服务均拿得起、放得下。最后,农场主要有健康的身体与强大的心理素质。农场主面对的风险与压力远高于一般产业,农业作为弱质产业,不仅有自然风险,还有市场风险,其至还有人为的社会风险,没有良好的身心素质,是难以胜任的。

除农场主外,经营好一个农场还需要一个相互合作、高效工作的团队。如果农场规模较大、业务较多,必须要有一个团队才可完成各项经营管理任务。生产、营销、财务、研学都要有专人负责。团队合作带来的效率远远高于个人。

(二)整合资源

农场创建不仅需要土地,还需要劳动力、建设用地、资金等资源。根据我国土地管理法,土地资源属于村民集体所有,只有使用权可以流转;而建设用地更是紧张,地方政府通常要在工业与农业之间进行平衡;此外,劳动力、资金也是非常重要的资源。现代家庭农场创业者往往都是年轻大学生、退伍军人,本身并没有积蓄与资源,因此通过与不同组织和个人合作,才是获得各类重要资源的基本策略。以地方发展规划为基础,将国家财政资金、地方特色资源、劳动力资源进行整合,才能真正成功创建具有竞争力的现代家庭农场。

(三)谋划业务

现代家庭农场业务不能局限于种植与养殖,更应该将加工、研学、餐饮等业务融合到一起,在农场内部实现三产融合发展。在业务谋划时,充分考虑当地的特色与文化,是保证现代家庭农场经营成功的关键因素。

拓展阅读1 生态厕所设计与建造

粪尿分集式厕所也叫"干式厕所""堆肥厕所",其应用在国内外均有历史记载。我国河南巩县的"粪尿分流式厕所"、安徽界首"粪尿分贮双罐厕所"及清朝宫廷应用的恭桶(其应用方法和现代的粪尿分集式厕所有

很多相似之处);日本昭和二十四年(1949年)介绍厕所的文章亦谈及"粪尿分离式"厕所。

作为世界环保与生态建筑的新趋势,粪尿分集式非水冲生态卫生厕所的推广、应用与可行性研究,是联合国在许多地区推动的工作,旨在面对日益严重的水资源匮乏、减少寄生虫与传染病问题以及适应于世界广大农村地区的生产与生态环境。

全国爱国卫生委员会办公室(以下简称"爱卫办")依据与联合国儿童基金会、瑞典国际发展合作署的合作,1997—1999年在吉林汪清县、山西太原市清徐县、广西田阳县(今广西百色市田阳区)开展粪尿分离式生态卫生厕所系统应用与推广可行性的研究结果,以及2000—2001年在山东、广东、四川、安徽、贵州、青海、陕西等7个省的乡村进行扩大试点的经验,确定了粪尿分离式非水冲生态卫生厕所的设计模式和要求。

借鉴爱卫办的经验与成果,晏阳初乡村建设学院与台湾第三建筑工作室开展了合作,从2004年至今,已在广大农村地区推广、兴建了近十所各类型的粪尿分集式厕所,积累了宝贵的经验。

因应各地、各(民间)机构的需求,亦配合当前新农村建设和农村改水改厕工作的开展,现代农业工作室、乡村建筑工作室将三年多来的实践经验予以总结,同时结合爱卫办的成果,对粪尿分集式非水冲生态卫生厕所的原理、建造与使用做综述,供农民朋友和广大农村工作者参考。

粪尿分集式生态厕所是"小而美、小而实用"的新事物,确实能为农村地区解决生活、生产和环境卫生等方面的实际问题发挥一定功能。该型户厕主要特点:①减量化,只处理必须处理的粪便;②无害化,基本无污染环境与危害人体健康的污物排放;③资源化,自然能源与粪肥的循环应用,减少化肥的使用量;④节约水资源,少用或几乎不用水。其设计体现了废物处理减量化、无害化、资源化的现代科学观念。该型户厕倡导粪尿等排泄物在自然界构成闭路循环的生态卫生观念,所以是一种先进的户厕建设模式,在我国适宜地区广泛推广应用,可获得明显的社会、生态与经济效益。

农村改水改厕是一项漫长而又艰巨的工作,不但要克服资金上的困难,更需要一种好的方法,并要扭转观念、改变习惯。粪尿分集式厕所建造技术简单,利用农村丰富的自然材料和剩余劳动力,可以以很少的资金投入即可实现。它所依赖和考验的,更多的是人们自力更生的意识和互助合作的精神,以及改善生活品质和保育自然环境的愿望与信念。

粪尿分集式生态厕所的种子已经撒下,我们期待着它在更广大的乡村生根、发芽、开花和结果。

一 建造依据及粪便无害化原理

(一)粪尿对肠道传染病的不同影响(病原学)

粪便是导致人类肠道传染病的传染源。众所周知,绝大多数的肠道病毒、肠道致病菌、肠道寄生虫及卵是与粪便一起排出体外的,所以粪便是传播人类肠道传染病的传染源。肠道传染病的传播方式称为粪-口传播,腹泻病患者如霍乱,致病微生物在每克粪便中可达 10^{10} 个。粪便无害化处理是控制肠道传染病的关键。

在正常情况下,尿液中含有的微生物在环境中大量存在,而几乎不含有肠道致病微生物。

(二)粪尿的不同理化特征

粪尿的理化特征有很大差别,对它们的正确应用将对人类生存环境的保护起重要作用。

粪便的主要成分是未消化的有机物,含有纤维素等大分子物质,须经消解腐熟成腐殖质方可利用。干、热条件利于粪便无害化,在其他相同自

然环境条件下,潮湿粪便中的致病微生物比干、热状态下存活时间长。粪便中含有 75% 的水分,干燥使水分蒸发,减少了粪污的体积,为污物的减量化创造了条件。

尿液需要在密闭、低温的条件下保存,开放的条件下尿液极易分解,造成肥效丢失。在与粪便混合的情况下,尿液的发酵产生恶臭,微生物的存活时间大幅度延长。

(三)肥料应用

成人每人每年粪便的排泄量为 25~50 千克,按 25 千克计算换算为氮、磷、钾的含量可知,是很好的有机肥。

成人每人每年尿的排泄量为 400~500 千克,按 400 千克计算换算为氮、磷、钾的含量可知,远远高于粪便中的含量。尿中的氮、磷、钾以尿素、磷酸盐、钾离子的形式存在,与化肥极为相似,十分有利于植物吸收,尿液中的重金属浓度比多数化肥低,是理想的速效肥料。

(四)保护生态——节约水资源、减少污染

传统的水冲式厕所需用 30 倍以上的水冲洗少量的尿和更少的粪,粪、水混合后,使需要处理的粪污量由 500 千克增加到 15 000 千克,粪污处理量增加,排放、处理粪污的投资与工作量加大,同时又浪费了大量宝贵的、洁净的水资源。

含有大量致病微生物的生活污水排放到河、湖之中会造成污染,在取用地表水加氯消毒时,又会产生卤代烃类致癌物,造成二次污染;大量施用有机肥,增加了作物吸收量,减少了化肥的使用量,使氮磷钾的流失减少,为控制湖泊富营养化、减少农业面源污染量创造了条件。

(五)覆盖

覆盖有利于粪便干燥,也是消除户厕臭味、减少蚊蝇、改善户厕卫生条件的最佳措施。粪便中的硫化氢、吲哚、粪臭素等与尿液中的氨造成厕

所的臭,并引来苍蝇、蛆虫……粪便被吸收臭味的覆盖材料覆盖,厕所无臭味,也不生蛆、蝇,改变了厕所的卫生环境。

二 设计要求

粪尿分别收集,尿液不要流入贮粪池,粪尿分别处理、分别利用,是设计粪尿分集式生态卫生厕所的基本要求。在掌握了基本的原理后,设计可以有很大的变动,以适应不同的需要。

粪尿分集式生态卫生厕所的建筑结构与其他卫生厕所相同,由维护结构(厕屋)、贮粪结构和一个粪尿分流的便器组成;条件允许亦可单独修建男士小便池,与尿液收集器连通。其贮粪结构可建在半地面或地面上。

只要坚持粪尿分集(分流)、便后加灰,利用干燥或发酵的原理使粪便无害化,就可因地制宜自行设计科学实用的粪尿分集式卫生户厕。

(1)不同覆盖材料达到粪便无害化的时间不同。表2-3为应用不同覆盖材料时粪尿分集式户厕贮粪池的最低要求。

表 2-3　不同覆盖材料各项指标达到无害化的时间　(单位:天)

指标	草木灰	炉灰	锯末	黄土
粪大肠杆菌(达国标)	33	214	250	250
蛔虫卵(达国标)	55	214	250	303
噬菌体(检不出)	75	303	250	250

(2)粪尿分集式生态厕所在不同地区实际应用时,即使在用户合理使用的条件下,不同地区粪便无害化所需要的时间也不同,在设计该型户厕时应考虑地区间差异。

(3)覆盖材料的选择与粪便无害化效果。覆盖材料的选择要依照因地制宜的原则,不可照搬他人的经验。我们推荐下列物质作为覆盖材料:

草木灰、生石灰、生石灰/炉灰、生石灰/沙土、锯末/黄土、谷壳/黄土等,各地可依据当地的便利资源进行筛选。不同覆盖材料使粪便无害化时效:

草木灰:使粪便无害化需要 2~3 个月;

细黄(沙)土:使粪便无害化需要 9 个月;

细炉灰:使粪便无害化需要 9 个月;

细锯末:使粪便无害化需要 9 个月;

石灰复合覆盖物:使粪便无害化需要 3~6 个月。

(4)贮粪池容积计算。按上述结果,计算公式为

$$V=A \times X \times D \times \frac{1}{1000} \times \gamma$$

其中,V 为池的有效容积(米³);A 为每人每天排粪量(按 0.25 升计)+覆盖物体积(按 0.75 升土的体积计);X 为 3(家庭人数 1~4 人均乘以 3),4 人以上每增 1 人加 0.2 米³;D 为每坑贮存粪便时间(南方单池按 180 天计,北方单池按 360 天计);γ 在南方取值 1.5~1.6,在北方取值 1.2。

三 建造准备与成本控制

粪尿分集式生态厕所的"生态",包括两个层面:一是原理上实行粪尿分集,不用水冲,既干净卫生,又节约水资源,粪尿无害化后,又可支持当地的现代农业生产,所以谓之"生态",这是其最核心的部分;二是在建造方法上应采用生态建筑原则,即因地制宜、就地取材、环保节约,能充分利用劳动力。如何实现两个层次的"生态",在很大程度上要同时考虑材料与人工(时间)成本,如果通过优化方案能达到既节约成本又实现生态环保的理念,那当然最好了。

(一)材料的使用

(1)生态建筑对材料的利用,很重要的是让每种材料用在合适的地方,

善用而非滥用,既是节能的考虑,也是降低成本的实际需要。一般只有贮粪结构、地基等要做防水处理的部分和预制粪尿分集式水泥蹲板时需要用到比较大量的砖、水泥等高耗能、高污染的建材。

(2)所用建材的生产、加工和运输过程耗能小,最大限度地减少二氧化碳(CO_2)的排放;材料大多数为木料和植物秸秆,能最大量地储存二氧化碳(CO_2)。

(3)使用可回收再利用或农民可自己生产或就地取材的(自然)建筑材料,例如木头、树枝、轻钢、竹子、秸秆、泥土等,或回收的废旧砖头。既降低成本,也符合绿色环保的理念,且无毒副作用。

(二)劳动力的组织

粪尿分集式厕所建造技术简单,利用当地技术即能构筑,非专业者或农村留守的妇女、儿童甚至老人等也能参与劳作。所以,充分利用农村富余劳动力或动员志愿者(大学生)参与,是建造粪尿分集式厕所的一般组织方式,既可以有效地降低建造成本,又能让弱势群体得以发挥他们的价值。

(三)工具的配备

粪尿分集式厕所都是小型建筑,工程较小,利用简单工具即可构筑,如瓦工用的瓦刀、抹子,木工用的斧头、凿子、锤子、锯,以及农用的铲子等;人的双手是最灵巧好用的"工具"。

四 建筑结构与施工

(一)选址

依地理、气候条件、农户(机构)的具体情况与要求,以及方便使用与维护管理等来选址,来确定建于室外(院内)或室内。尽量利用房屋原有结构修建,如楼梯转弯处,可建成梯间式厕所;也可建在一楼平房的一

角,起地面建一个高 60 厘米的贮粪池。如选择的地址能接受阳光日照 4~5 小时,尽可能建成太阳能式厕所。利用的部分越多,厕所的造价就越低,同时使用也越方便,如能与起居间连通,足不出户就能解决如厕问题。建于室外者,在做好排水的前提下,也可以考虑建在坡地(如海南道银村户厕),方便粪尿的清运。

(二)粪尿分集式生态厕所基本结构

粪尿分集式生态卫生厕所的建筑结构与其他卫生厕所相同,由维护结构(厕屋)、贮粪结构和一个粪尿分流的便器组成(图 2-3);条件允许亦可单独修建男士小便池,与尿液收集器连通。

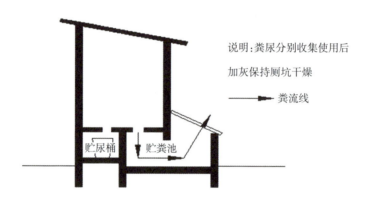

说明:粪尿分别收集使用后加灰保持厕坑干燥

━━▶ 粪流线

贮尿桶   贮粪池

图 2-3   简易粪尿分集式生态厕所

目前建造的生态卫生厕所类型有单坑、双坑至多坑(户厕与公厕);利用与未利用太阳能升温晒粪;安装与未安装排气管;有建于室外也有建于室内者;有建于农村或市区的,固定或可移动的;也有特别为儿童设计建造的。因地制宜,满足不同群体与场域的需求。

(三)粪尿分集式便器及蹲位

粪尿分集式便器,设计有粪尿两个收集口,这是该类厕所的核心部分与技术。

工业制成品蹲便器有 3 种类型:第 1 种是塑料的;第 2 种是陶瓷的;

第 3 种是玻璃钢的。对于室外户厕,寒冷地区尿液收集口内径应不小于 5 厘米,潮湿闷热地区尿液收集口内径以 3 厘米为宜;粪收集口内径为 16~18 厘米。粪收集口(落粪孔)平时盖有滑板式盖子,盖子通过一个轴和底座相连,使用时用脚拨开,使用后再用脚推上即可。

水泥钢筋预制的粪尿分集式蹲板,一般长 1.6 米、宽 1.25 米、厚 6 厘米(做法:水泥、砂、石比例为 1:2:2,钢筋做龙骨,外加一层铁丝网以增强结构力),预制好后须养护一周。粪便收集口为 40 厘米×16 厘米;尿液收集口为 20 厘米×16 厘米,另有 15 厘米长的引流小坡。但供儿童使用的蹲位,粪尿收集口较小。坑位上平日用手提式盖板封住,使用时才拿开,防止蝇虫进入粪坑产卵而长蛆。尿液收集口须安装一块篦子并铺一层碎石子,以防止杂物进入导致导尿管道堵塞和臭气反串。坑位两侧设踏脚板,前端做防止尿溢的小沿。

也有用木板拼成的蹲位,粪尿收集口的处理比较需要技巧。蹲间配灰桶、厕纸篓和烟灰缸;如为公厕,可设挂物钩和供孕妇、老人、残障人士用的扶栏。

(四)存储结构

存储结构可建在地下、半地面或地上,也可依坡地而建。地下部分的施工是与设计结构相关的。

1.贮粪池

贮粪结构以建于半地面(往地下挖深约 0.2 米)为宜。单坑(户厕)长 1.2 米、宽 1 米、高 0.8 米,由于晒板有一定斜度,故单贮粪池不小于 0.8 立方米;四坑位则一般长 5 米、宽 1.2 米、高 0.8 米(净空间尺寸)。砌筑贮粪池时,池底平放一层砖头并灌水泥砂浆;用单砖形式砌筑贮粪池墙体,两头及中间隔墙(将粪池一分为二)须设置为承重墙,采用 24 砖墙,整个墙面用水泥砂浆挂面,并做好防水处理;贮粪池各角接合部要求为圆角,处

理要达到不渗不漏的要求。

户厕也可以直接用塑料桶（50升）贮粪，比较干净，但翻堆、晒粪会有些困难。贮粪桶放在一预先砌筑好的存储间，存储间安装活动门。因为粪便的发酵腐熟需要一定的时间，所以最好用两个桶来轮流替换，使新、旧粪便分开。

结合农户院舍灰土、少量厨余垃圾和牲畜粪便的覆盖堆肥处理，可以在贮粪池专门留一个庭院垃圾入口，使有机垃圾由过去随意丢弃转变为自主收集、科学处理，改善庭院环境卫生。

2.贮尿池

在寒冷与使用尿肥的农村地区，可在厕所背阴处、冻层下建造一贮尿池。户厕贮尿池的容积为 0.2~0.5 立方米，公厕贮尿池的容积为 0.4~1 立方米，单砖砌筑并用水泥砂浆挂面，平日盖上水泥盖板。或者直接利用水缸或塑料桶（20升）作为贮尿池，尿的排入口须埋于地下以防冻。

厕所内和男士小便处的尿液全部汇集到尿池集中收集。为使新、旧尿液分开，可将尿池分两池，交替作为贮尿池和发酵池；尿池入口是一个特别的新、旧尿液分离装置（制作方法：一根钢筋做转轴，一个大矿泉水瓶做浮标，一截 PVC 管导尿，并在靠中心偏浮标端切一接尿口），此装置可使尿液先流满一个池子，再自动流向第二个池子。

按照尿液的收集速度，一个池子贮满需要一段时间，一个池子满了之后，在同样时间内，新尿自动流向另一个池子，旧尿就会充分发酵（尿液发酵需要静置 7 天左右，在南方地区时间要短些）。

发酵好的尿液作为肥料可人工取出兑水浇灌庄稼；在第二个池子贮满之前，要取完第一个池子的尿液；通过这样的方法，新旧尿液分离，两个池子交替贮尿和发酵，就可以保证所有尿液全部充分发酵，方便利用。

3.导尿管道系统

对于公厕而言,导尿管道系统的铺设是很重要的,特别要注意防止管道渗漏。一般使用陶管、PVC 管或砖砌水泥槽作为导尿管道,将蹲位及男士小便处的尿液统一导至贮尿池,方便管理和尿液利用。

4.排气管

"旱厕"无臭通风是关键。贮粪池内一般要安装一根通天的排气管道(直径 10 厘米的 PVC 塑料管),将粪便臭气和发酵产生的有害气体排出,并加速粪池水分蒸发,加速无害化。

排气管的底部应与贮粪池顶部相通,顶端要高于厕屋 5~10 厘米,中间不要有死角和过多的拐弯;注意顶端通风口方向须与当地盛行风向平行,或直接安装风帽。

建好后在贮粪池里点燃一张废纸,观察烟气排放是否有力、通畅,直到满意为止。

5.晒板

无论单坑、双坑或多坑,有条件的都应做成太阳能式的,利用太阳辐射热,可大大加快粪便的脱水干燥,快速达到无害化效果。

晒板可用铁板(金属板),并将其正反两面用沥青涂黑,有利于吸热和防腐。晒板与贮粪池的结合要严密,防止漏雨、漏风与蚊蝇出入。也可以直接使用水泥钢筋预制板作为贮粪池盖板,但基本没有吸热晒粪的功能。

(五)围护结构(厕屋)

为了方便掏取粪尿,往往会抬高粪尿分集式蹲便器的位置,有时连带抬高整个厕屋室内地面。根据各地不同材料获取的难易和成本,厕屋有很多种建造方法。

为了提高公厕空间的利用率,兼顾私密性的考虑,建议设计上每一蹲位独立开间设门,原则上标明男女间,但男士、女士可以混用,以便在一

方挤满时可以应急。

框架：主要有 3 种做法，砖混、轻钢和木结构(包括原始的捆绑法、传统的卯榫衔接法和现代的便捷钉法)。

墙体：主要有 4 种做法，砖混墙、土坯砖墙、篱笆(树枝、竹片、高粱秆等)草土墙和板(木板、树皮等)墙。

屋顶：主要有 4 种做法，泥瓦屋顶、石棉瓦屋顶(不建议使用，因为石棉是致癌物)、防水油毡屋顶和树枝草泥屋顶。

门窗：厕所每一间都独立开门(木门或苇席门)，门扇上安装玻璃；可以专门安装小窗户，让厕屋上部通透，利于通风采光。

男士小便处：可设在蹲间一侧靠墙角(户厕)，设在男厕廊道一侧或单独设在厕屋一侧(公厕)。小便器可以是工业陶瓷制成品，也可以用废旧饮用水桶自制，或直接砌筑水泥瓷砖贴面的小便池。尿液统一导入贮尿池。

(六)厕所的附属结构

除要做到厕所外形美观，厕所布局与周围环境、景观相协调外，为方便人们(特别是初次使用者)的使用，厕所也需要设置使用说明牌、照明灯、洗手池、工具间等，并考虑室内外的景观绿化。也可在厕所内外墙上进行建造过程的图片、绘画展示等。

五 建造的成本

不同的人(机构)要求的厕所面积不同、建筑结构的做法不同，以及不同地区对地基的需求不同，用料差异较大，不同地区的原料和人工价格也不同，故粪尿分集式生态卫生厕所的建造价格是不一致的，低造价仅需二三百元即可建造一间合乎要求的户厕。所以，原则只有一条，即在保证使用功能与品质的前提下，尽量降低建造的成本(包括材料、人力与时间等)。

六 厕所的使用与管理

粪尿分流、便后加灰是该型厕所使用与管理的关键,厕所使用与管理的要求如下:

(1)用前在厕坑内加 5~10 厘米厚的灰土。

(2)粪尿分别收集,尿液不要流入贮粪池。

(3)厕纸一律入篓,满后焚烧处理,烟头丢进专设的烟灰缸。

(4)便后加灰(草木灰、干炉灰、细沙土、锯末或稻壳等),其量为粪便量的 2~3 倍。

(5)厕所的坑位上平日用盖板封住,使用时才拿开,防止蝇虫进入粪坑产卵而长蛆。

(6)男士小便时请到专设的小便处。

(7)为了提高公厕空间的利用率,原则上标明男女间,但每一间都独立开门,男士和女士可以混用,以便在一方挤满时可以应急。

(8)若为室外类型公厕,尿液分离入口和小便池内须安装一块箅子并铺一层碎石子,可以防止杂物进入导致导尿管道堵塞,也可防止管道里的臭气散发出来,每隔一段时间(1~2 个月)可用清水冲洗石子一次。

(9)与贮粪坑的结合要严密,防止漏雨水、倒风,如果粪坑过湿则加入适量干灰或少量生石灰;粪便在厕坑内堆存时间依地区不同而应有所差异,一般为半年至 1 年(单坑新、旧粪便不可混合)。

(10)尿液贮存在较密闭、低温的桶(池)内,存放 7~10 天后用 5 倍水稀释后可直接用于农作物施肥,夏天放置时间应适当缩短。

(11)便器沾染粪便可用灰土擦拭,尽量不用水。

(12)利用太阳能加热的金属晒板要用沥青涂黑,有利于吸热和防腐。

(13)厕所要经常打扫,搞好日常管理。厕所的可持续性七成依仗管

理,该种类型厕所也不例外。

(七) 粪尿的无害化处理与利用

生态厕所里的排泄物是庄稼的宝物,将无害化后的排泄物与农业生产相结合,让粪与尿进入自然界再循环,利于现代农业生产。

(一)粪便的无害化处理与利用

成人每人每年粪便的排泄量为 25~50 千克,粪便可转化成腐殖质施肥改良土壤。

厕所方位最好是坐南向北,粪池可直接接受太阳光照射,以加速粪便的干燥;每次上完厕所,使用者须将一勺干土或灰撒入粪池,加速分解并平衡碳氮比(以干土和锯末为佳)。

粪尿分离之后粪便的处理主要靠干燥,把尿液分开也是为了让粪便尽快干燥,粪便干燥后体积缩小,方便清理运输和利用。

粪便在粪池一直保持半干燥状态,在干热环境下发酵,干燥 3~9 个月后,待收集到一定数量可人工取出直接施到田地或与其他堆肥混合使用。因为设计、使用的缘故,新、旧粪便往往同时分层存在于同一贮粪池,建议取出堆放 3 个月后再利用。

(二)尿液的无害化处理与利用

成人每人每年尿的排泄量为 400~500 千克,尿中的氮、磷、钾以尿素、磷酸盐、钾离子的形式存在,十分有利于植物吸收,尿中的重金属浓度比多数化肥低,是理想的速效肥料。图 2-4 是可持续的封闭循环系统示意图。

尿液发酵需在阴暗、低温、封闭环境下静置 7~10 天(在南方则时间短些),发酵好的尿液作为速效肥料可人工取出,用至少 5 倍的水稀释后浇灌庄稼。

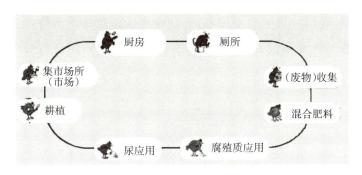

图 2-4　可持续的封闭循环系统示意图

八 粪尿分集式生态卫生厕所的优点与应用局限性

(一)该种模式厕所设计思想先进,深受群众欢迎

其主要优点有:

(1)无害化。粪与尿的处理不同。尿液必须静置才可使用,而粪便须经脱水干燥、杀灭病菌虫卵,达到无害、不污染外环境,预防传染病的蔓延。粪尿分离,易于无害化处理。

(2)卫生。厕坑干燥、无臭、无蝇蛆,使农村旱厕建在室内成为现实。

(3)节省。在水资源日益缺乏的今天,冲水式厕所将粪污进行稀释转移,增加了处理负担;粪尿分集免冲节水,减少排污,可节省相关储运和处理设备花费。

(4)方便。粪便每半年到一年清掏一次,干燥无臭,不给人厌恶感,不造成运输污染;管理方便,使用安全。

(5)生态循环好。粪便转化成腐殖质施肥改良土壤,尿肥定期稀释利用,粪与尿进入自然界的再循环,利于现代农业生产。

(6)可塑性强。依用户经济状况可建成低(因陋就简)、中、高不同档次的厕所,可建造在室外、室内,也可建造在楼下、楼上,适用范围广泛。

(7)经济性。设计施工简单,可塑性强,造价适度并可调节。

(8)抗冻。粪尿分集厕所不用水冲,粪便干燥过程中水分降低,抗冻能力增强,为北方寒冷地区和高纬度、高海拔地区农村厕所建设提供思路。见图 2-5,生态厕所优点。

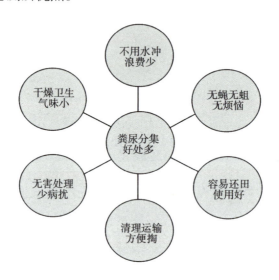

图 2-5　生态厕所优点

(二)该类型户厕自身的局限性是需要 3 个必备条件

(1)有覆盖材料;

(2)使用尿、粪肥;

(3)有家庭饲养业时,需与庭院规划统一起来。

总之,卫生厕所的模式选择,一定要与群众的生产、生活、经济状况、文化背景相适应,即坚持因地制宜的原则。

第三章

土地与水资源管理

▶ 第一节　土地资源管理

一　土地的含义

（一）土地的概念

广义的土地是地球表面陆地和水面的总称，是一个空间概念，它是由气候、地貌、土壤、水文、岩石、植被等构成的自然历史综合体，包含人类活动的成果。狭义的土地概念就是指土壤。土壤是地球上能够生长植物的疏松表层。土壤来自岩石、无机物、有机物，主要由矿物质、空气、水、有机物构成。地球表面形成 1 厘米厚的土壤，约需要 300 年或更长时间。许多荒山、戈壁都有生成土壤的潜在功能，所以都具有生态服务价值。土壤分成 3 层：

（1）表土层，也叫腐殖质淋溶层。该层全部是熟化土壤，又分为耕作层和犁底层。耕作层是受耕作、施肥、灌溉影响最强烈的土壤层，厚度约为 20 厘米。一般疏松多孔，干湿交替频繁，温度变化大，通透性良好，物质转化快，含有效态养分多。作物根系主要集中分布于这一土层中，占全部根系总量的 60% 以上。犁底层位于耕作层之下，厚度为 6~8 厘米。典型的犁底层，结构很紧实，孔隙度小，大孔隙少，小孔隙多，所以通气性差，透水

性不良,结构常呈片状,甚至有明显可见的水平层理。这是经常受耕畜和犁的压力以及通过降水、灌溉使黏粒沉积而形成的。

(2)心土层,又称生土层,是土壤剖面的中层。该层位于表土层与底土层之间,由承受表土淋溶下来的物质形成。通常是指表土层以下至50厘米深度的土层。心土层位于犁底层以下,厚度为20~30厘米,该层也会受到一定的犁、畜压力的影响而较紧实,但不像犁底层那样紧实。在耕作土壤中,心土层是起保水保肥作用的重要层次,是生长后期供应水肥的主要土层。这一土层中根系的数量占根系总量的20%~30%。

(3)底土层,也叫母质层,是土壤中不受耕作影响,保持母质特点的土层。如成土母质为岩石风化碎屑,则底土层中也往往掺杂有这些碎屑物。底土层在心土层以下,一般位于土体表面50~60厘米以下的深度。此土层受地表气候的影响很少,同时也比较紧实,物质转化较为缓慢,可供利用的营养物质较少,根系分布较少。一般常把此土层的土壤称为生土或死土。

二 土壤质量识别

土壤质量一般可依托人体感官与各类仪器进行测定。仪器测定一般依据各类物理、化学、生物学指标,如pH、电导率、有机质、养分含量等。养分又可以分为有机碳、全氮、有效磷、锌、钼等。作为农业管理人员,往往直接依赖人体感官去判断土壤质量,主要根据颜色、质地、生物等指标。

1.颜色判断

肥沃的土壤一般偏黑褐色。若颜色偏浅表明土壤中有机质含量较少,耕地较瘦。若土壤颜色偏黄、红,则偏酸性,仅适合部分植物生长。

2.质地判断

肥沃的土壤一般质地松软,具有明显团状结构,保水、保肥性能好,不易晒干晒硬,且水中多气泡,有夜潮现象。而质地较差的土壤往往较为坚硬,板结明显,干旱后容易开裂,且灌水后不易闭合,少气泡,无夜潮现象。部分沙土地漏水严重,不适合种水稻,但较适合种植蔬菜、水果等旱地作物。

3.指示性生物判断

肥沃的土壤中往往有较多指示性动植物,如蚯蚓、黄鳝、泥鳅、大蚂蟥、藻类、稗草等;而贫瘠的土壤中往往有小蚂蟥、大蚂蚁、牛毛毡、三棱草等指示性动植物。

三 土地整理与恢复

(一)土地平整

在一家一户耕种情况下,土地多数高低不平,不宜机耕。所以,农场的土地在正式耕种之前都需要进行一定的平整。但在平整土地时,多数农场未注意对耕作层的保护。正确的做法是将地表20厘米左右的耕作层铲到一起,然后再将下面的生土层进行平整。待平整完毕后,再将耕作层均匀地恢复到地表。虽然这样做的成本较高,但是可以保证当年农作物就有收获。如果将耕作层破坏,3年内农作物产量都会极低,甚至绝产。另外,平整时要考虑灌溉与生态,所以要有一定层次,并非越大越好,"小而美"在这里也合适。最后,农场在平整土地时仍然要保留一定的绿化地,供生态保育使用。

(二)土地生态恢复

在石化农业生产过程中,会产生一些农药与重金属残留,农场的天敌系统也几乎被农药破坏殆尽。好的现代家庭农场土地都要有3年左右的生态恢复期。在此期间,整个农场土地上要禁止使用任何农药与化学肥料,增加有机肥的使用。经过3年保护,土壤中的各类残留会减少到国家

标准之下,同时农场天敌系统也逐渐恢复完成。此时再开展生态生产,各类病虫害控制都更为容易。

在土壤恢复过程中,可以重点发挥各类微生物与动物的作用。微生物可以在施用有机肥的基础上选用市场优质的微生物肥进行补充。除生物有机肥外,还有部分液体有机肥也具有相同的作用。恢复土壤的动物主要是指蚯蚓,蚯蚓具有分解有机物、松耕土壤的作用。蚯蚓磨碎食物的砂囊外侧有石灰质腺,可以将食物中的钙离子排到体外,而钙离子可以帮助植物同化土壤中的氮元素,促进植物生长。除此之外,蚯蚓粪中还含有各类营养元素与微量元素,是非常优质的肥料。一条蚯蚓正常情况下每天可以排出与其体重相等的粪便,所以有蚯蚓的地块,其肥力远远高于没有蚯蚓的地块。根据现在农场主实践,常规方法种植的豆类与有机方式种植的相比,铁元素含量仅为后者的十分之一;而常规方法种植的菠菜,钙含量也只有有机方式种植的一半,这与以蚯蚓粪为代表的优质有机肥的使用具有重要的关联。最后,蚯蚓不仅具有提升土壤肥力的作用,还可以调节土壤中的微生物。土壤表层的是红蚯蚓,主食各类有机质、厨余和树叶;黄褐色蚯蚓居于植物根系之中,陆正蚯蚓则居于土壤底层。不同类型的蚯蚓都会在摄入有机质时吞入大量的细菌。有些细菌在通过蚯蚓消化道时死亡,另外一部分则会生存下来,形成优势种群。蚯蚓通过调节土壤细菌种群,来减少土壤病害。

第二节　水资源管理

明代蒋平阶在《水龙经》中指出,"气者,水之母;水者,气之子"。从哲学高度概括了水的作用。在农场生产生活中,水的确具有非常重要的作

用,值得所有农场经营者重视与运用。

一 水管理目标

满足生产需求。根据产业布局,首先满足生产灌溉需求。同时,水的布局要考虑机械化作业方便,在生态隔离与机械通行产生矛盾时,可通过架桥加以解决。此外,如果过度使用深井水,要对井水酸碱度进行监测,以保证土壤不会出现盐碱化。最后,可以利用水体形成切断病虫害、疫病传播的路径。当农场被石化农业包围时,可利用水道(沟)对农场进行隔离,也可以利用水道(沟)对农场内部不同功能区进行分隔,从而切断病虫害与疫病的传播途径。

满足生活需求。首先,农场水资源分布应围绕生活区展开,满足生活需求。其次,不断提升水体质量,美化农场环境,提升生活品质。农场的各类生活污染要通过设置生化塘进行消解,同时要让农场不同区域的水流动起来,保持水质良好,让水起到净化与美化环境的作用。

二 自然水体布局

多数农场会有天然水体,根据具体地形不同,可以将水布局分为3类:

1.自流式布局

对于天然高低落差的地区,从上游到下游,保证水在农场中的畅通。可以借助于天然河流与人工运河实施。其最重要目的就是解决灌溉的问题,同时兼顾排污,形成立体种养格局。该布局以一般丘陵农场为主。

2.游龙式布局

以水体将农场与周边区域分开,并用水将农场内部进行细分,形成天然分区与景观带。该布局以平原农场多见,可解决农场分区与疫病防控,兼顾农场景观。见图3-1。

图 3-1　农场水体的游龙式布局

3.点状式布局

根据当地地形,将低洼处加以深挖形成蓄水、灌溉、景观兼用的水塘系统。该布局以山区农场为主,可解决蓄水、灌溉、景观、生活等多个方面问题。著名的日本"朴门农法"中的山区使用的就是点状式水布局。

三　农场水资源质量要求与水设施管理

(一)水资源质量要求

根据相关研究,水体中的硝酸盐、重金属、农残含量对产品品质与人类健康具有显著的影响。因此,现代家庭农场必须对水体的质量进行管理,确保农产品的品质与消费者的健康。根据我国《农田灌溉水质标准》(GB 5084—2021)与现代农业要求,农场水资源达到地表Ⅱ类水才可保证农产品质量。因此农场的各项管理措施,需要把现在广大农区的Ⅲ类水转化成Ⅱ类水。水质评价标准说明如下:

Ⅰ类:主要适用于源头水、国家级自然保护区。

Ⅱ类:主要适用于集中式生活饮用水地表水源地一级保护区、珍稀水生生物栖息地、鱼虾类产卵场、仔稚幼鱼的索饵场等。

Ⅲ类:主要适用于集中式生活饮用水地表水源地二级保护区、鱼虾类越冬场、洄游通道、水产养殖区等渔业水域及游泳区。

Ⅳ类:主要适用于一般工业用水区及人体非直接接触的娱乐用水区。

Ⅴ类:主要适用于农业用水区及一般景观要求水域。

(二)水设施管理

1.生产用水净化设施管理

对于必须采用地表径流水的农场,可先将农区自然水体引入农场建设的生态河道或生态水沟,通过种植各类水体植物净化多余营养物质。在一系列净化、沉淀后再用于农业生产。生态沟建设既是净化水质的需要,也是美化环境的需要。

2.滴灌设施管理

农场大棚区蔬菜生产一般要使用灌溉设备,其用水要选用清洁水源,同时进行两道过滤,且要保证管道不会被杂质堵住。

3.生活污水处理设施

生活污水处理设施一般包括沼气池、化粪池、生态塘等,它们各有优缺点。沼气池可以将人粪尿转化成液态有机肥,同时产生可供生活所需的能源与保鲜材料(气体),不足之处在于沼气产生随季节变化并且沼液利用有一定难度。生态塘相对简单,半亩面积即可,然后在生态塘中种上各类水生植物,比如大水葫芦、浮萍、水藻等。如果没有足够的地方挖生态塘,小型的积肥函也可以实现一定程度的替代,可以将生活中的各类有机物放入积肥函沤肥,以最大限度地减少生活污染。

四 农区水质提升策略介绍

因为我国绝大多数农区水质已经从过去的Ⅱ类水降为Ⅲ类水,实际上无法达到现代农业的标准。如何将Ⅲ类水提升为Ⅱ类水呢?农民自己

的探索已经给出了明确的答案。以安徽省宣城市宣州区朱桥乡一农户的实践为例,通过清淤、植草、养鱼,即可实现水质提升,能见度达到1.5米。该农户具体操作步骤如下:

(1)清淤。河沟淤泥原本是优质的有机肥,清淤也是农民每年年底必须要干的工作。现在因为农民可以使用更为便捷的肥料,所以这种费时费力的清淤工作逐渐被放弃。这使得农业水体中含有大量的营养元素,即使水体中现有的营养元素被植物吸收,水底淤泥也会及时提供,这就是现在农业水体永远无法清澈的真正原因。所以,水体质量提升第一项工作就是清淤。巢湖作为我国五大淡水湖之一,其水质一样在Ⅲ类至Ⅳ类之间徘徊,一个很重要的原因就是水底的淤泥营养物质过于丰富,并持续向水体释放,导致巢湖蓝藻无法根治。而一旦清淤完成,水体底部得以净化,只要控制住水体中的氮、磷等营养元素,水体清澈度会得到快速提升。该户农民在年底清塘,约3亩面积,花费约2万元。然后灌水,第二年春天整个水塘水体就已经清澈。

(2)植草。水体浑浊的直接原因是水体营养元素太多且没有水生植物吸收。现在水体中之所以没有水生植物生长,是因为水体浑浊导致沉水植物没有阳光而无法生长。在清淤后,由于阳光可以照射到水底,所以可以人为种植沉水植物。有了水生植物吸纳,水体中即使有一些营养元素也会及时被水生植物吸收,从而保持水体清澈。清淤后的水体可以种植三层水草,即沉水植物、浮水植物与挺水植物。当三层水草同时生长时,水体营养元素多数可以被吸纳,水体自我净化能力将会显著增强。

(3)养鱼,保持种养平衡。水草生长后,会产生新陈代谢,枯死的水草如果没有及时清理,会将营养元素再次释放到水体中,水体污染仍然无法得到控制。解决的方法是进行养殖,让水生动物(主要是各种鱼类)吃掉水草。然后再将水生动物,及时通过捕捞等方式从水体带走,这样就可

以将水体营养元素转化成人类可口的鱼类美食，这也是净化水体的可持续方式。

如果现代家庭农场主想要得到Ⅱ类水体，可以通过上述三个步骤实现。需要提醒的是，清淤完成后就可以及时种下水草，但此时不要同步投放鱼苗。因为大多数鱼类都具杂食性，它们在饥饿时会取食水草，这会使得刚种植的水草无法成活或生长。而当水草全部长成后，再适度投放草、鲢、鳙、鲫、鳊等品种，综合净化水体。并要及时查看水体，如果水草显著减少，一定要及时减少鱼的密度，保持草–鱼均衡。

第一节　肥料管理

一　肥料种类

肥料根据其功能可以划分为三类：第一类是现在广泛使用的化学肥料；第二类是传统农业广泛使用的有机肥料；第三类是生物肥料。

化学肥料是指主要用化学方法制成的含有一种或几种营养元素的肥料，分为单一元素肥与复合肥。化学肥料的优点是营养元素含量高，肥效快，成本低，重量轻，施用方便；不足是易淋失、易挥发，会导致面源污染并降低农产品质量，且导致雾霾形成（农田排放氨气与工业排放废气在空气中形成的二次气溶胶）。

有机肥料主要是指以各种有机质，包括动植物残体、粪便，发酵腐熟后的肥料。其优点是肥效长、稳定，可将污染环境的有机质转化成肥料，增加土壤碳含量，提升农产品品质，减少环境污染等；其不足是体积大、分量重，耗用人力多，看起来比化肥"更脏"。

生物肥料是指可以向土壤提供特定功能微生物的肥料。由于长期施用化学肥料，会导致土壤有机质降低，有益微生物数量逐渐减少，土壤板结严重，且失去了将有机物高效转化成肥料的能力。为弥补该缺陷，人们通过定向培养土壤缺少的特种微生物,形成微生物肥料。该类肥料中还可细分出"生物有机肥",即拥有一定数量与功能的微生物的有机肥。

化学肥料的长期使用已经导致环境污染、土壤板结、农产品品质下降等问题。为解决这些问题,除继续推动化肥技术进步,积极使用控释肥、缓释肥之外,大力推广使用有机肥将成为历史必然。与此同时,起辅助作用的微生物肥也将随之发展。为解决有机肥来源少、成本高的问题,重建城乡之间的物质循环将成为未来发展趋势。农业肥料发展方向的变革将对新型城乡关系的构建形成一定的影响。

二 肥料分类管理

(一)农场微观管理

由于现代家庭农场优势在于农产品质量,所以现代家庭农场要加大有机肥施用比例。对于可在短期内迅速完成生态转化且有足够有机肥来源的农场,可以直接以有机肥代替化肥,将农场产品质量提升到绿色与有机的标准;对于短期内难以进行生态转化,或即使完成生态转化,因消费者缺乏健康意识或消费能力,农场可以适当减少化肥施用,逐步增加有机肥比例,这样既可保证农场产量,又可培育地力,为以后的转型奠定基础。

(二)政府宏观管理

政府从农业可持续发展角度,努力建立城乡之间的物质循环。首先,将城市垃圾进行分类,将城镇居民厨余垃圾通过社区堆肥转化成农业有机肥;其次,对污水处理厂进行分类管理,将生活区污水处理厂的污泥在检测安全后,用于商业化有机肥生产,并与相应粮棉主产区对接,完成城乡物质大循环。这既是现代农业发展的需要,也是解决垃圾围城,保护环境的需要。此外,在未来技术条件成熟后,也可以将城市人粪尿收集转化成有机肥,这将是保证农业生产系统平衡的重要举措。

三 有机肥的作用

(一)为农作物提供更全面的养分

与化学肥料相比,有机肥具有更全面的营养元素。因为有机肥主要来自人畜粪便以及各种作物残体,所以其所含营养元素比相对单一的化学肥料要丰富得多。不仅含有作物需要的氮、磷、钾等主要元素,还含有大量微量元素。这些微量元素不仅影响了作物产量,更决定了农产品的品质与风味,还可减少农作物疾病。

(二)改良土壤

有机肥中含有大量的腐殖质,而腐殖质具有松化、保水、保温等作用。长期施用化肥的耕地之所以板结,就是土壤中缺乏足够的腐殖质。另外,腐殖质吸水量可达其自身重量的7倍,所以大量施用有机肥的土壤具有更强的保水作用,这也是有机农业在干旱年份产量高于常规农业的原因。

有机肥具有净化土壤的功能。由于有机肥可以与一些重金属产生络合物,具有吸镉、减铅、固砷的作用,从而减少重金属对土壤的损害。另外,有机肥中的有机质还可以提高土壤微生物活性,能分解出更多的营养元素,可提升农产品的质量,从生产角度减轻消费者"隐性饥饿"的问题。隐性饥饿现象较为普遍,全球约1/3的人口与其相伴,我国此类问题也较严重。

(三)提升农产品产量与质量

在有机肥用量充足的条件下,因其提供的养分更全面,农作物生长更健康、产量更稳定、品质更优良。比如,我国农民自古就有用饼肥种西瓜的传统,这样种出来的西瓜口感更脆、更甜。一些菜农也会用人畜粪便堆肥与草木灰种菜,不但口感好,而且作物病虫害也会相对较少。此外,最新相关研究表明,植物可以通过吸引大分子氨基酸的方式将有机肥中的氨基酸直接吸收并转化成风味物质,这是农产品口感形成的重要基础。

四 有机肥的分类

有机肥可以按照来源、生产方式、功能等进行分类。这里按其生产方式进行分类:

(一)堆肥

堆肥就是在一定的温度、湿度、碳氮比条件下,利用微生物发酵作用,将各类有机物(人畜粪便、秸秆、厨余垃圾、动植物残渣等)转化成富含腐殖质有机肥的过程。堆肥可以分为好氧堆肥与厌氧堆肥两种方法。好氧堆肥中又分为高温堆肥与低温堆肥。高温堆肥一般要求温度高于45℃,能保证将各种杂草种子有效灭活,同时保证各类有害病菌、虫卵、蛹、病毒等都可以被杀死,减少有机肥带来的各类病虫害与草害。低温堆肥一般要求温度低于45℃,通常适用于优质的饼肥堆制,主要是为了保证肥料中的氨基酸不被过度分解,从而提升农产品的品质与口感。最新研究表明,植物对有机氮吸收效率与无机氮相同,甚至更高,这为植物营养学研究拓展了新领域。

(二)绿肥

绿肥是指利用绿色植物本身腐烂所得到的肥料。目前主要使用紫云英、三叶草、苜蓿等生产绿肥。在我国许多地方,会将冬闲田种上紫云英,并在第二年春天将其翻耕入土,成为绿肥。绿肥具有固氮、活钾、储能、保持水土、轮作减病、固肥环保等一系列作用,是传统农业的精华。我国南方的紫云英,北方的苕子,都是非常优质的绿肥,且具有一定的杂草控制作用。

(三)饼肥

饼肥是指各种农作物种子在被压榨后所得到的油饼,是一种非常优

质的有机肥。除茶籽饼、棉籽饼等要经过低温堆腐,豆饼、花生饼、菜籽饼、芝麻饼等可直接使用,但以浸出法炼油的饼不可直接使用。饼肥低温堆制以后,其提升农产品口感效果较好。

(四)城镇污水处理厂污泥与农村各类淤泥

我国城镇污水处理厂承担了城镇各类污水处理任务,而污水处理池中的污泥含有大量的氮、磷等营养元素,在控制好重金属的情况下,是较为理想的有机肥(现在因为解决不了重金属问题,仅是潜在可以使用的有机肥)。由于我国城乡物质循环的断裂,城镇生活污水成为一些湖泊、河流的重要污染源;而大量农田却得不到有机肥,只能大量施用化学肥料,不仅损害了土壤,还污染了环境。

农村中水塘、水库、河流、湖泊水底的淤泥原本就是农业中的优质肥料。但在化学肥料的替代下,这些使用成本相对较高的肥料就被农民逐步放弃。由于淤泥对水质净化的影响,以及淤泥本身的特殊肥效,这些淤泥仍然可能作为农业中的优质肥料。通过利用淤泥泵抽取的方式,可以充分利用淤泥,实现肥料供给与水利兴修相结合。

(五)其他

除上述各类有机肥之外,泥炭、褐煤、部分工业废渣、农家土杂肥、沼液、沼渣、经过认证的天然矿物质等,都是重要的有机肥,且成本低廉,来源广泛。

五 有机肥制作与质量控制

有机肥根据原材料、目标以及具体发酵方法,可以分为高温堆肥、低温堆肥、沤肥等。高温堆肥是全世界通用的方法,其主要目的是通过高温杀灭原材料中的各种杂草种子、有害病菌,增加肥效、减少病虫草害。低温堆肥主要用于饼肥,一般在45℃以下发酵,主要目的是保存氨基酸与肽类物质,提升农产品口感与风味。一旦高温发酵,这些物质将分解成氮、磷、钾等营养元素,与普通肥料差异不大,失去了饼肥的价值。前面说的高温堆肥与低温堆肥都是有氧发酵,而沤肥一般是厌氧发酵。沤肥就是将各类有机物放在水中,隔绝氧气,然后让微生物对其进行分解,得到营养元素,可以通过滴灌等方法使用,方便快捷,特别适用于追肥。各类有机肥制作方法详见拓展阅读2。

有机肥质量控制包括来源控制与过程控制两部分。来源控制包括牲畜饲料控制,防止饲料中含有重金属;生产环境控制,确保空气、水中没有污染源。过程控制包括碳氮比控制,防止氨挥发;雨水控制,防淋失;发酵过程控制,防过度发酵等,尤其是饼肥过度发酵以后,其形成农产品风味物质的氨基酸会消失,不利于饼肥价值的发挥。

▶ 第二节 农药管理

一 农药类型

农药是指农业生产中使用的各种抑制或灭杀有害物的药物与天敌生物,包括杀虫剂、杀菌剂、除草剂等。按制作方法,具体分为以下4类:

(1)化学农药:指用化学方法合成的农药,多数具有广谱、高效、残留严重等特点,往往对环境不友好。

(2)生物农药:指对杂草、病虫害、动物进行防控或灭杀的生物活体、代谢产物或仿生合成物的农药。

(3)生物化学农药:对源于生物的具有特殊功能物质进行类同合成或结构改造而成的环境友好型农药。

(4)矿物性农药:是以天然矿物初加工后所得到的农药,其效果与环境影响一般,如波尔多液、硫酸铜等。

在现代农业生产中,为了减少环境污染并恢复生态,一般选择放弃化学农药使用,仅适度使用矿物性农药,而重点使用各类生物农药。生物农药根据其来源可分为微生物源、植物源、动物源3类。

二 化学农药滥用带来的问题与解决策略

(一)化学农药滥用带来的主要问题

1.降低产品质量

化学农药虽然成本低、效果好,但是多数具有残留,显著降低了农产品质量。甚至部分农产品在化学农药滥用的情况下,会直接导致消费者食物中毒。

2.污染环境

大量农药在使用后真正起作用的并不多,它们大多数进入了水体、空气与土壤中,对环境造成了无法估量的负面影响。

3.影响身体健康

我国政府正是因为部分农药残留的不可代谢性与高毒性,而逐渐禁止了有机氯、有机磷、百草枯等农药。这些农残由于在体内无法代谢,会逐渐累积,造成对身体的重大负面影响。现在"致畸、致癌、致突变"已经成为农残危害的共识。

4.破坏生态,导致恶性循环

农药在施用过程中不仅毒杀了害虫,同时也毒杀了益虫与其他天敌,使生态遭到了严重的破坏。由于生态失衡,部分害虫、杂草对农药抗药性越来越强,为了保持产量,农民只能加大农药用量,形成了抗药性增强与农药用量增加的恶性循环。这种恶性循环再次降低了农产品质量,加剧了环境污染,恶化了人们健康。人类用化学农药与害虫、杂草进行斗争,不但没有取得胜利,反而持续处于劣势之中,这表明用化学农药不是一条可持续发展之路。解决的办法就是引入生物农药。

(二)减少化学农药使用的对策

1.保护环境,政府给予生态恢复补贴

病虫害发生初期,施用化学农药会取得非常好的防治效果。但是化学农药在杀死害虫的同时,也会将相应天敌杀死。由于天敌在生态系统中多数具有更高层次的生态地位,所以其恢复速度也慢于低层次的害虫。害虫天敌减少后,农民为了保证防治效果被迫加大农药使用量,这样导致更多天敌被农药杀死,同时导致害虫产生抗药性。天敌减少与害虫抗药性增加只能通过施用更多农药进行弥补。这个恶性循环的结果就是产品质量下降、环境污染加剧,直至社会无法承受的地步。解决的办法只有一条,那就是坚决停用化学农药,积极保护环境,恢复生态。根据国内外经验,生态环境恢复一般需要2~3年时间。农民3年时间内不用化学农药必然导致减产、减收,同时优质的产品未必能卖出高价,理性的生产主体没有理由采用。因此,要想真正解决此问题,政府必须承担起生态公共产品供给的职能,通过3年生态环境恢复补贴政策的实施,在全国逐步恢复生态,减少直到完全消除化学农药的使用。

2.发展生物农药

大力推广各类以相生相克为指导理念研发的生物农药。在条件成熟的区域或规模较大的农业企业,全面推广生物农药,禁止使用化学农药,全面恢复生态。

3.加大认证宣传力度,鼓励消费者选择健康食品

利用主流媒体,加大宣传力度,让消费者知晓绿色、有机农产品的优势,进而带动更多绿色、有机农产品的销售,从消费端倒逼生产者减少化

学农药的使用。

三 生物农药分类

(一)微生物源农药

微生物源农药是指来自微生物的活体、代谢物或仿生合成物。可当作农药使用的微生物包括病毒、支原体、衣原体、细菌、真菌等,其中,苏云金杆菌是较为典型的代表。该细菌会同时产生内外毒素,对鳞翅目昆虫具有针对性极强的灭杀作用,但对哺乳动物与人类无害。其起作用的主要是内毒素,直接腐烂昆虫的肠道(昆虫肠道为碱性而人畜则为酸性)。而且,苏云金杆菌制剂对草蛉、赤眼蜂、红蜘蛛、瓢虫无毒杀作用。细菌类生物农药在市场上已经有相对成熟的产品,如南京农业大学的"宁盾"等。

病毒也可以作为控制细菌性病害的农药,而且具有独特的作用。噬菌体作为一种特殊的病毒,虽然不如抗生素成本低廉,但也有其独到的地方。首先,噬菌体可以针对性抑制某些超级细菌。由于长期使用抗生素,一些细菌已经产生抗药性,成为超级细菌。而一些噬菌体可以作为替代,抑制超级细菌。其次,噬菌体可以具有更高的针对性,保护益生菌。对于一些土壤病害,如果采用全面杀菌的方法,会将对作物有用的益生菌连带杀灭,从而导致新的病害。而噬菌体可以较好地解决这个问题。最后,噬菌体具有高效灭菌的功能。一次投放,自动复制,高效灭菌,相对来说,可以节省更多劳动力。但是,噬菌体在我国仍然处于探索阶段,目前市场上还没有批准为真正商用的噬菌体产品。

真菌也是微生物源农药的重要来源,以白僵菌和绿僵菌为主。目前商业化较为成功的是一些人工杂交的真菌,如哈茨木霉菌。其中,白僵菌可寄生15个目149个科的700余种昆虫,对人畜和环境比较安全,害虫一般不易产生抗药性。白僵菌分生孢子在寄主表皮或气孔、消化道上,遇适宜条件开始萌发,生出芽管。同时产生脂肪酶、蛋白酶、几丁质酶溶解昆虫的表皮,由芽管入侵虫体,在虫体内生长繁殖,消耗寄主体内养分,形成大量菌丝和孢子,布满虫体全身。同时产生各种毒素,如白僵素、卵孢白僵菌素和卵孢子素等。受白僵菌侵害致死的害虫就是所谓的白僵虫。白僵菌制剂对人畜无毒,对作物安全,无残留、无污染,但能感染家蚕幼虫,形成僵蚕病。绿僵菌也是一种昆虫感染真菌,不污染环境,不产生抗药性,防治害虫效果较好,其防治面积甚至超过了白僵菌。感染原理同白僵菌,通过穿透害虫表皮,在害虫体内生长,产生毒素,通过孢子感染。其优点是具有专一性,对人畜无害。

(二)植物源农药

植物源农药是指利用植物资源种植或生产出来的植物活体、提取的活性成分以及按活性成分合成的化合物与衍生物,在传统农业中多称为土农药。其优点是制作简单、无污染、无公害,既防治病虫害又增加肥效;缺点是效果差,时效短,成本高。在农场生产实践中,一些味道较重的大蒜、大葱、辣椒等植物往往被用作驱避型农药;一些有毒的植物,如毛鱼藤、白花鱼藤、边荚鱼藤等,则用于提取活性物质,通过喷洒防治病虫害;一些生命力特别强的杂草,如紫云英、黑麦草,则用于以草克草,有类似除草剂的作用。

(三)动物源农药

动物源农药主要是指各类动物活体或利用其代谢物、提取物制作的农药,主要用于害虫防治。动物源农药主体是天敌,也包括从活体中提取的毒素、激素、信息素等。动物源活体农药主要包括赤眼蜂、捕食螨、瓢虫、燕子、蚂蚁等。

1.赤眼蜂

赤眼蜂是世界上最重要的害虫天敌生物。体长 0.2~1.0 毫米,体色黄,复眼、单眼皆红色,翅透明。发育需经卵、幼虫、预蛹、蛹、成虫五个阶段,前四个阶段在寄生卵中完成,对寄生卵有直接的破坏作用。其寿命与温度相关,一般一世代历期 8~15 天。成虫先是将卵产在寄生昆虫的卵内,在温度 25℃、湿度 80%的条件下开始孵化,并在卵内成长、化蛹、羽化,然后钻出寄生卵。雄蜂出来后就在卵旁边等候雌蜂,然后交配。交配后,雌蜂就继续寻找寄生卵注入其卵,羽化后 2 天是其产卵高峰。3~4 天后,成蜂寿命就结束。雌蜂未交配,也可孤雌生殖,但其一般全为雌性或雄性,因此赤眼蜂繁殖能力较强且非常稳定。赤眼蜂控制对象包括 10 目 50 科 200 属 400 多种昆虫。赤眼蜂因为优良的害虫控制效果,已经在现代农业较为发达的国家形成产业。我国赤眼蜂在 20 世纪 60 年代就已经形成产业,但随着石化农业的推广,该产业逐步萎缩。而我国现代农业发展滞后,在市场需求的拉动之下,以赤眼蜂为代表的各类益生蜂产业正处于逐步恢复与发展之中。

2.瓢虫

瓢虫属于节肢门昆虫纲鞘翅目瓢甲科,目前发现约有 500 属 5 000 种,多体型小、体色艳,有许多别称,如红娘、花大姐等。不同种类的瓢虫有不同的取食对象,有的以植物(包括作物)为食,如马铃薯瓢虫、茄二十八星瓢虫;有的以真菌的孢子与菌丝为食,如黄瓢虫、白瓢虫;有的以蚜虫、螨虫、吹绵蚧为食,如七星瓢虫、小艳瓢虫、澳洲瓢虫等。瓢虫一生分为卵、幼虫、蛹和成虫四个时期。以七星瓢虫为例,其成虫一般在小麦、油菜的根部缝隙中过冬,当温度升为 10℃以上时,就出来活动,并在蚜虫较多的植物上繁殖,如小麦、棉花等。其卵经过 2~4 天变成幼虫,然后开始捕食蚜虫。幼虫 9~15 天后开始化蛹,蛹经过 4~8 天转化为成虫。

瓢虫在现代农业发达的国家也已经成为一个产业。可以通过人工饲养的方法大量繁殖瓢虫,也可以冬天收集瓢虫,帮助其越冬,第二年春天再投放用以控制虫害。

3.捕食螨

螨虫属节肢动物门蛛形纲蜱螨目,其体型较小,数量庞大,多数螨虫体长仅为 0.5 毫米左右。其中危害农作物的主要是叶螨(红蜘蛛),因其织网,又被认为是小蜘蛛。而捕食螨是螨虫中的一类,以捕食其他螨虫为生。捕食螨虽然体型较小,但行动相对更为迅速,繁殖能力强,是有效控制叶螨的手段。目前我国一些公司培育的捕食螨,如胡瓜钝绥螨、斯氏钝绥螨,可以通过交叉防控解决茶黄螨、蓟马、白粉虱、烟粉虱等害虫,以及由这些害虫引起的病毒性疾病。

4.鸟类与其他动物

除上述天敌外,农业中重要的天敌还包括各种鸟类与田间动物,如燕子、麻雀、青蛙、螳螂、蜘蛛等。而且天敌系统与区域特征联系紧密,不同区域应该寻找出最合适的天敌,然后进行培养,形成最合理的动物源农药。

四 生物农药管理

(一)严格建立生态转换期

在正常情况下, 现代农业要有 1~3 年的转换期。从天敌恢复角度来看,没有 3 年左右的时间,一个区域的天敌系统难以完全恢复。所以,每个农场都应该建立严格的生态转换期。在生态转换期内,严禁使用任何化学农药以及制剂式生物农药。这样做的目的就是尽快建立天敌系统,让天敌成为最重要的生物农药。

(二)农场规划布局时建立隔离带与保育带

隔离带既是农场与外界的分界线,也是现代家庭农场必须具备的"基础设施"。设置隔离带的作用有 3 个:①作为现代家庭农场标志线,可形成清晰的识别带;②可隔离普通农区的杂草种子,阻止外界杂草种子的飞入,减少杂草控制成本;③可隔离普通农区的农药与化肥污染,保证现代家庭农场内部的环境与生态。由于隔离带建设成本较高,许多农场在建设初期既未规划,也未建设,给农场以后的发展造成了困难。隔离带一般设为 8~20 米宽,以路、水、林方式把农场与其他区域隔离开来。

保育带可以分为两类来进行规划:一是与隔离带保持统一,建立在农场周边,种上农场所需的植物,既有隔离作用,也有生态恢复作用;二是建立在农场不同的产业功能分区中间,将各个分区隔离开来,同时在农场内部恢复生态,保证天敌有足够的繁育地。保育带面积保持占农场总面积的 5%~10%。

(三)完善作物的间作、套作、轮作

作物之间的间作、套作、轮作如果安排得当,既能控制杂草,也能有效控制病虫害。间作、套作、轮作可使不同作物充分利用土壤的肥料、水分、阳光,减少杂草的生长空间,有效降低除草剂的使用量;间作、套作、轮作可以促进作物相互支撑,保护天敌,减少各类杀虫剂、杀菌剂的使用。

(四)实行种养结合

种养结合首先可以充分利用并控制杂草,减少除草剂的使用。如稻鸭共养田,可以利用养殖的鸭子减少 80%以上的杂草。种养结合安排合理,可以促进作物通风,增加土壤有机肥,进而减少各类杀虫剂、杀菌剂的使用。

(五)多层次建立天敌保护系统

农场尽量不使用任何灭杀性农药,如果在害虫暴发期不得不用时,要

选择针对性的农药,减少对天敌的伤害。在农场中适度保留杂草,使其为天敌提供食物以及繁育条件;保护农场生物多样性,对鸟、蛙及捕食性昆虫都要进行保护,形成多层次、多种类的天敌系统。

天敌无法控制暴发性的虫害,因为数量远远不够。但是这并不表明不应该用生物方法去控制害虫。如果平时都用化学农药去控制害虫,当虫害暴发时,你再用农药反而无法控制害虫,因为它们的抗药性已经很强。相反,如果平时多使用生物方法去控制害虫,那么在虫害暴发时化学农药的效果会非常好,因为害虫没有抗药性,根本抵挡不住化学农药的灭杀。所以,为了保证粮食的日常质量安全与特殊时期的数量安全,都应该在日常使用生物农药。

▶ 第三节　种子管理

一　我国种子发展现状与存在的问题

我国农业种质资源部分市场已经被国外占据。目前,除水稻、棉花、蔬菜外,牧草、花卉、畜禽等种质市场已经被国外引进的优秀种质占据了不少份额,而我国传统抗病能力强、口感好的种质资源却在不断减少。目前,我国消费者需求正"从吃饱向吃好"转型,人们需求的不再是从国外引进的高产、抗病品种,反而更加倾向于我国传统的品种。

二　农场种子管理基本理念

(一)品种地方化

地方化的种质最适应本地气候,所以可以实现稳产、高产。另外,地方

化品种已经与其他物种形成一种特殊的生态关系，进而可以减少病虫害。

（二）品种优质化

优质品种不仅体现在对环境的适应性上，产品的产量、质量以及口感也是必须要考虑的因素。对于现代家庭农场来说，我国粮食消费正从吃饱转向吃好阶段，所以选用品种时应更多考虑口感与品质，更好地满足人们对健康的需求。

（三）品种多样化

农场种子应寻求多样化，而不是单一化。多样化的种子可能引起杂交退化，但可以起到隔断病毒和细菌传播的作用，从而减轻农场可能遇到的病虫害。从生态角度来说，不能因为追求生产效率而忽略农场生态的多元化，过度单一化的种子会加剧病虫害。我国水稻稻瘟病最终解决并不是依靠特别复杂、特别高深的方法，反而是简单的品种间作隔断了致病菌传播。

三 农场种子管理基本方法

（一）提纯复壮

每类种子都要在相应地块中培育强壮作物，进行提纯、复壮，防止品种在生产过程中退化，优良特性消失。提纯复壮要控制好几个环节：一是留壮种，对于病株、弱株一定要去除。二是隔离，留种田周边不要种植类似的种子，以保证不产生杂交退化。三是单独收割，收割机在收割前要清除里面的残余种子，保证不会产生杂种，必要时要通过人工收割保种。四是交流，好的品种要在不同区域进行发展，而不能完全在一个地块长期种植，这样容易导致品种退化。五是与科研单位合作，通过组培等方式繁育、保护传统老品种。

(二)分类保管

对各类种子要做好分类保管,可以建立特殊的种子保管仓库。有的种子需要用沙、土保存,有的需要避光、通风保存,有的需要防鼠、防潮、防火。总之,农场对种子保管一定要高度重视,要投入相应的财力、物力、人力。

(三)做好农场之间的种子交流

由于好的传统品种在不断流失,除专业化种子公司提供的品种外,农场之间也要不断进行优质种子的交流,以此取长补短、共同发展。

拓展阅读2　有机肥制作方法

 高温堆肥

(一)堆肥主要指标

(1)(25~35):1 的碳氮比。因碳和氮是微生物活动所消耗的两种主要营养元素,成功的堆肥要保持(25~35):1 碳氮比。当碳氮比过低时,过量的氮元素会以氨气形式散发,与空气中的酸性气体形成雾霾,污染环境;如果碳氮比过高,这种有机肥会因缺乏氮元素而吸收土壤中的氮肥,从而影响作物的生长发育。由于不同的秸秆与粪便水分含量、碳氮比不同,实际操作过程中很难把握具体的秸秆与粪便用量。根据一些有机肥厂提供的资料,一般粮食作物秸秆碳氮比在 35:1 以上,而畜禽粪便碳氮比多在 20:1 以下,豆类作物秸秆碳氮比居于二者中间数值。在秸秆与粪便水分接近的情况下,秸秆重量一般是粪便的 2~3 倍即可。此外,豆粕与豆类作物的秸秆碳氮比较低(20:1 左右),可以单独完成堆肥,也可与碳氮比接近的牛粪进行混合堆肥。在实际堆肥过程中,碳氮比非常难以把握,建议

如果用草畜粪便堆肥时,粪便与秸秆重量比为1:1即可,而用杂食性动物粪便堆肥时,粪便与秸秆重量比可以调整为1:2。

(2)60%左右含水率。堆肥含水率太低,会影响微生物活性;含水率太高会形成厌氧发酵,产生臭味。如果堆肥含水率过高,要加强通风,或进行排水。含水率无须经过仪器测算,可根据经验进行判断。一般水果、蔬菜的含水率约为90%,干清粪便的含水率约为70%,可捏起来的泥土含水率为60%左右,晒干的秸秆含水率在20%以下。

(3)60℃左右的温度。温度过低不仅使堆肥成熟较慢,还使粪便、秸秆中的杂草种子、有害病菌无法失去活性;而温度过高又会使微生物停止活动,所以要控制好堆肥温度。高温堆肥至少要有3天时间把温度维持在45℃,这样才可灭活杂草种子,消灭一些有害细菌与病毒;在60℃左右才可以完全分解木质素与纤维素。

(4)18%左右的含氧量。自然堆积的粪便与秸秆会有18%左右的含氧量。如果水分过多,氧气会被挤出,无法完成有氧发酵,会产生恶臭。

(5)中性pH。因多数微生物喜好适中的酸碱度,保持中性pH有利于堆肥尽快完成。由于粪便在发酵过程中会形成一定的酸性物质,因此可以在秸秆中加入少量草木灰或者生石灰。但由于发酵过程的复杂性,一般情况下发酵结束后的堆肥不管有没有加入碱性物质,其检测结果显示都为中性。

(二)堆肥方法

建立堆肥池(长、宽根据地形确定,无特定要求),或在地形稍高区域直接将地面夯实进行堆肥。堆肥区域可在中间开宽、深各15厘米左右的十字架形通气沟,并在通气沟上竖立一些秸秆捆,以帮助通气。按每层20~30厘米秸秆、10厘米粪便、少量石灰(用于平衡发酵所产生的酸),适度洒水,保证堆肥材料可捏出水(60%左右的含水量)。如果没有粪便,可用 0.5%尿素溶液代替,以补充氮素。堆肥可宽、高堆至 2 米,长度不限,可根据堆肥材料数量决定。为防止雨淋,堆肥可用防雨布覆盖。正常 1 周左右,温度会升为近 70℃,此时需要及时翻堆。由于多数农场没有专业的温度测量设备,可以用一根铁杆插入堆肥,抽出后用手感觉微烫即表明温度已经升为 60℃左右。维持 3 天左右,便可开始翻堆,将堆肥外部翻到内部(需要堆肥旁有一个类似的堆肥场地,用来暂存)。如果堆肥有较好的通气设备,可以不用翻堆,简易堆肥池如果没有专业的通气设备,可以通过挖通气沟来解决。夏天约 1 个月,冬天约 2 个月,堆肥即基本腐熟完成。腐熟的堆肥具有以下特点:①堆肥温度下降并稳定于环境温度;②基本无臭味;③外观呈褐色,团粒结构疏松,堆内物料带有白色菌丝。

在堆肥过程中如果有刺鼻的臭味,表明粪便偏多,或者水分过多,或者通气性不好;如果堆肥施用后,作物生长不好,可能是堆肥中碳氮比过高,粪便偏少;如果堆肥呈灰化,表明堆肥过程中未控制好温度,通气不好或翻堆不及时。

二 其他堆肥方式

(一)低温堆肥

所谓低温堆肥,是指在低于 45℃的自然条件下,将秸秆与粪便结合,利用微生物发酵作用,将其转化成有机肥。在秸秆全部还田的耕地中,将鸡粪或氮含量接近的其他畜禽粪便 250~400 千克,直接混合在一起,进行自然低温堆肥。此时,秸秆与粪便可以形成合理的碳氮比,并且在合适的条件下完成分解,形成高质量的有机肥。如果没有粪便,可用 10 千克左右尿素与秸秆一起翻入土壤。这样即可化解秸秆分解过程中所需的额外需氮量,及时为作物生长提供营养元素。在秸秆分解后,不仅所有的氮元素可以再次被利用,土壤中的有机质还会稳定提升,耕地质量会有明显

上升。这是现在秸秆还田的另一重大作用。

饼肥作为一种高级的有机肥,宜低温堆制。其原因在于:①饼肥不存在杂草种子与有害病菌问题,饼渣都是经过高温炒制的,已经灭活杂草种子与病菌;②饼肥氨基酸会在高温堆制中分解,无法形成瓜果的风味物质;③低温堆制也可以释放饼肥中的过高能量,避免烧根。

(二)沤肥

沤肥是利用厌氧原理制造有机肥的一种方法,即一些不便进行有氧堆肥的有机物,如少量的绿色植物、杂草、厨余垃圾等,放入水池中完成厌氧发酵,形成肥效更好的有机肥。有些农民直接在耕地旁挖一个坑,灌上水,将耕地中的杂草等有机物投进去进行腐烂,这就是一种有效的厌氧堆肥。另外,将泥炭、褐煤、风化煤等用氨水、碳化氨水堆沤发酵,也是一种有效的沤肥方法。

(三)生态厕所堆肥

这是一种特殊的有氧发酵堆肥,即通过建立生态厕所,将粪尿分离收集,可通过一层粪、一层碎秸秆或谷壳(谷物加工副产品)完成有机肥制作。该种方法需要建立粪尿分离式的生态厕所,在完成堆肥的同时还可消除异味、减少蚊蝇滋生,是生态型农场应具备的基础设施。

(四)火堆肥

这是我国农村传统获取火杂肥的一种方法。它是将一些硬度较大的秸秆、草根、泥土堆放到一起,通过非明火方式燃烧,形成"火堆肥"。该种堆肥可以获得大量草木灰,是较好的补充肥料。

第五章 ▶ 种植管理

▶ **第一节 杂草管理**

一 杂草生态管理的必要性

杂草是目标农作物之外的野生植物与其他农作物。"杂"，九表示极多，木表示植物，其总体字义为多、乱；"草"，相对于庄稼，是会更早萌发、更早生长的植物，体现了杂草与庄稼共生千年而进化的典型特征。杂草具有很强的抗逆性和适应性，其生长优势往往大于单一农作物，如果不加以合理的管理，将会带来农作物减产甚至绝收等问题。全世界每年因为杂草危害造成的农作物产量平均降低 9.7%。据统计，全球每年小蓬草和香丝草对棉花和大豆造成的产量损失为 28%~68%。我国常年受杂草危害的土地面积超过 0.73 亿公顷，因杂草危害直接造成的经济损失为900 多亿元。目前，杂草管理仍然是很严峻的问题。

在我国传统农业中，杂草防治主要是依靠人工。而人工控制杂草是非常辛苦的劳动，甚至成为农民最主要的工作，所以有"农业就是农民与杂草之间的战争"一说。化学除草剂发明之后，大大减轻了劳动强度，因而被全世界农民广泛接受。但正如俗语所说，"山越高、谷越深"，杂草化学防治在带来巨大便利的同时，也造成了各种问题。

化学防治杂草会影响作物生长和破坏生态环境。近几十年来,我国杂草的管理主要以化学防治为主,最主要的防治措施便是使用化学除草剂。使用化学除草剂后,其残留物在短期内无法分解,会留存在土壤中,不仅对本季作物产生危害,还会对后茬甚至来年作物产生危害。长期使用除草剂会使杂草的抗药性增加。相关研究发现,2015年安达市已发现产生抗药性的杂草达21种,它们不仅抗酰胺类的除草剂敌稗和丁草胺,而且还抗硫代氨基甲酸胺类除草剂中的杀草丹、草达灭、二氯喹啉酸等(宁辉荣,徐爱东,2015)。同时,过多地使用除草剂会降低土壤肥力,减少土壤中的微生物群落,污染地下水(魏如翰,2016)。

二 现代家庭农场杂草管理的指导思想与原则

(一)杂草管理的指导思想

现代家庭农场杂草管理是以生物相生相克的理念为基础、以环境友好化的管理为手段,多种方法综合应用。相生相克是依据生物之间的生长存在协同和拮抗作用,充分利用不同物种间的生长特性和关系,达到利用杂草、抑制杂草,促进作物生长的目的。在实际生产过程中,生态防控不是单一使用某种防治策略,而是需要多种方法统一运用,以"推拉结合"策略,高效地实现杂草生态化管理。

(二)杂草管理的主要原则

(1)保留与利用杂草。杂草是农业的一部分,而且在环境保护、农业小气候调节、提高农产品品质、病虫害防治等方面都有相应的作用,不宜简单灭绝,而应保留、利用与适度控制。

(2)不破坏环境。化学除草剂因为负面作用偏大,且对环境与人体健康有较大影响,所以尽量避免使用。

(3)不大幅增加成本。在传统农业中,农业就是农民与杂草之间的战

争。现代农业将更多利用自然的力量从而减少人工成本,进而控制整体农业生产成本。

三 相生类杂草生态管理策略

充分掌握生物间协同共生的关系,利用彼此生长具有促进作物生长的特性,实现相辅相成的生态互助策略。

(一)保留杂草,促进作物生长,提升产品品质

杂草与作物之间具有相生关系。传统农业生产认为,杂草的存在有百害而无一利,但从生态角度来看,杂草不但可以促进作物生长,而且还可以改善作物生长环境、增加产出、提升品质。比如,马铃薯的叶片会分泌一种类似生长激素的物质,刺激大麦生长;而葡萄园中种植紫罗兰可以提升葡萄香味;月季花盆里种上大蒜可以减少月季的白粉病;萝卜地里的连线草可以让萝卜长得更大等。在果园间隙保留或种植黑麦草、鼠茅草、苜蓿、三叶草、紫云英等,既可生产饲料,又可改善作物小环境。黑麦草是优质的牧草饲料,鼠茅草可保持土壤湿润,提高生物多样性;三叶草和紫云英是优质绿肥,可有效地促进果园的生态平衡。除此之外,这些保留的草还可以储存水分,在高温天气降低作物周围温度,避免高温灼烧;同时,将这些杂草控制在一定的高度,可增加土壤孔隙度,增加土壤微生物种群,改善果园小气候,促进果树的生长与水果品质的提升。

杂草与作物相生关系的原因分析。杂草与作物,或者作物与作物之间的相生关系来源较为复杂,主要有以下 3 个方面:①植物之间的化感作用,即作物根部所分泌的化学物质是相互促进而不是相互抑制的;②植物之间激素的促进关系,植物茎、叶分泌的激素可以相互促进;③植物之间生态环境的相互改良,例如果园杂草可以给果树增加湿度并降低温度,以减少热斑。

（二）保留杂草，降低病虫害

保留适量的杂草，为天敌提供生存空间。适量杂草的保留可以充分发挥生物多样性功能，吸引、繁殖更多的天敌，建立起农田的生态链，有效地控制虫害的发生。王大平通过在4个不同苹果园调查发现，在苹果园保留夏至草，或间作苜蓿、三叶草、白花草木樨、百脉根等可提高天敌昆虫的多样性，有助于发挥天敌昆虫的作用。

部分杂草自身具有驱避害虫与减轻病害的作用。某些杂草可以分泌物质驱赶害虫，如马齿苋可防治棉蚜虫，打碗花可防治红蜘蛛，泽漆可防治小麦吸浆虫、黏虫、麦蚜等。而某些杂草则可以减轻许多细菌性与真菌性病害，如小蒜、鱼腥草都可以减轻植物病害。

杂草除上述作用外，还可以保持水土，美化环境，维护生态平衡，部分杂草还是非常好的中草药。

四　相克类杂草生态管理策略

充分发挥生物之间的相互抑制生长的特点，利用其他生物体来抑制杂草生长的管理策略。

（一）以草克草

在农业生产中，以草克草方法多有应用。选择性地种植一些密度大、遮阳性高的杂草，比如紫云英、野豌豆等，这些草生长茂密，可与其他杂草竞争生存空间，有效地抑制其他杂草。有学者通过在梨园种植鼠茅草，发现种植鼠茅草后主要抑制了禾本科杂草的生长，对多种杂草防治有效率达100%。在蓝莓行间种植白三叶，对杂草的防治效果在80%以上，不仅可以有效地抑制其他杂草的萌发和生长，同时还可作为优质的绿肥。

在农民庭院中，也可使用以草克草方法。由于现在农民经常外出打工，家中庭院中生长了许多杂草，为了管理方便，许多农民直接在自家庭院

中喷洒除草剂,给家人带来了不安全因素。其实,庭院杂草的防治完全可以通过"以草克草"的方式加以完成。根据家人爱好与地方气候,选择一些美丽、实用的中草药种植在庭院中,既控制了杂草,又美化了庭院,还能收获一些中草药,是一举多得的解决方法。

(二)以作物克草

通过改进作物种植密度、种植方式以及茬口安排,充分利用间作、套作、轮作来控制不同类型的杂草。

密植,是指人为提高作物种植密度,不给杂草生态位,从而控制其生长。相关研究显示,与种植密度为 6.0 万株/公顷时相比,玉米在 7.5 万株/公顷的种植密度下杂草的密度和杂草地上部鲜质量均有下降的趋势。

间作,是在同一田地于同一生长期内,分行或分带相间种植两种或两种以上作物的种植方式,它可以显著减少杂草生长空间,从而减少并抑制杂草。如玫瑰与百合间作,不但可以减少杂草,还可以相互促进生长。

套作,是在前季作物生长后期的株、行或畦间播种或栽植后季作物的种植方式。套作的两种或两种以上作物的共生期只占生育期的一小部分时间,是一种解决前后季作物间季节矛盾的复种方式。套作不仅可以解决两季作物生长期间冲突问题,还可以充分利用上季作物留下来的秸秆进行覆盖,进而减少杂草。而套种作物本身也占据了原本杂草的生态位,从而减少了杂草。比如,花生—玉米套作条件下,杂草量可降低 47%左右。

轮作,是在同一块田地上,有顺序地在季节间或年间轮换种植不同的作物或复种组合的种植方式。轮作可以改变生产条件,抑制杂草生长。相关研究表明,通过玉米—大豆的轮作,可有效地降低玉米连作田杂草种子库密度 50%以上。而对于恶性杂草,轮作则是更为有效的生态控制方式。如果耕地中有严重的旱地杂草小飞蓬,该杂草对多种除草剂具有抗药性,简单的方法难以有效控制该杂草。在条件许可的情况下,将耕地从旱

作改成水作,这样就可以减弱小飞蓬生长态势,抑制其强势生长,两季轮作后,小飞蓬即可被有效控制。而对于强势的水生杂草也一样,如水花生、千金子,在水田中无法控制时,将水田改为旱地,在无水的情况下可以相对容易控制住此类恶性杂草。水旱轮作对农田基础设施有一定的要求,否则轮换成本较高。

(三)动物克草

以动物克草是指通过种养结合,将作物与合适的畜禽结合在一起,动物通过吃、浑水、踩、拱、刨等方式控制住杂草。这对于部分作物来说,是一种接近完美的杂草控制方法。以稻鸭共养为例,利用雏鸭在稻行间奔跑觅食、浑水、踩踏杂草,可有效抑制杂草生长。甄若宏、王强盛通过鸭子在稻田养殖试验,总结出稻鸭共养对杂草的防除效应达到96.1%,显著降低了稻田杂草的发生;玉米柴鸡共养和茶鸡共养利用鸡食草和翻土特性控制杂草,松土施肥,改良土壤,效果明显;与常规种植相比,稻虾共养模式稻田中丁香蓼、水苋菜、千金子、陌上菜、稗草、通泉草、异型莎草、鲤肠、牛毛毡和铁苋菜生长势头均有所降低。从2005年开始,浙江大学生命科学学院陈欣教授领导的研究团队发现,稻田养鱼时,鱼可直接取食水稻基部的纹枯病菌,也可直接取食杂草或干扰杂草幼苗的生长,纹枯病和杂草的去除率分别为70%和90%。除控制杂草之外,种养结合还可提升产品质量,经济价值较高。

(四)以微生物克草

以微生物克草指通过让杂草感染细菌、真菌致病,进而控制杂草的办法。目前国内已经有一些成熟专用生物除草剂,可感染部分特殊类型杂草,且对作物没有负面影响。部分学者发现菌克阔和克稗霉复配能有效防除主要杂草,可以替代化学除草剂应用于直播稻田。对玉米田内的杂草马唐的患病茎、叶和根及周围土壤的分离得到一株细菌,进行生物测

定后，结果显示对马唐萌发抑制率达93%，对马唐根部生长抑制率为85%。虽然生物除草剂针对性较强，价格昂贵，推广难度较大，但生态农产品价值较高，所以仍可在现代家庭农场实施。

（五）以物克草

以物克草是指以各种实物去控制杂草。这些物体包括作物秸秆、稻壳油、地膜、无纺布等，将这些材料直接覆盖在作物周边即可完成对杂草控制。比如，在高山茶园中，利用秸秆覆盖就可以非常好地控制茶园杂草，同时还可减少水土流失。

地膜，通常是透明或黑色PE薄膜，也有绿色、银色薄膜，用于地面覆盖。通过在马铃薯田覆盖黑色地膜，发现对田间杂草防控效果较好，单株防效为95.0%，鲜重防效为94.2%。黑膜覆盖后要统一回收处理，避免薄膜污染。

秸秆覆盖是指利用各类作物秸秆或收割的杂草秸秆对作物周边空隙地进行覆盖。秸秆覆盖不仅可以高效控制杂草，还可保温、保湿，转化为有机肥，有利于作物生长与地力恢复。龚德荣通过实验，得出秸秆覆盖小麦田可实现减少杂草58.3%~93.2%。秸秆可覆盖10~15厘米，不仅充分利用了秸秆，而且还达到了良好的控草效果。秸秆覆盖对于一些尖叶型作物特别有效，可在播种前完成覆盖。但对于阔叶作物来说，过高厚度的覆盖会影响作物生长，不宜在播种前实施，可以在作物生长到一定高度后实施，其人工成本相对较高。

以水克草。以水克草主要是指在水稻种植中经常使用的深水压草技术。针对水稻田，可采用深水灌田的方式。如果水稻田有15厘米以上深的水，可达到抑制杂草生长的效果。该模式需要采用人工插秧或者大苗（30~40天）插秧机的种植模式。较深的水面抑制了杂草对阳光、氧气（O_2）、二氧化碳（CO_2）的摄取，可有效控制杂草的生长。另外，此法要求耕地平

整,田底不渗水,水利设施使用方便。目前,人工栽秧成本较高,效率低,大苗插秧机技术要求高,该技术正处于缓慢推广阶段。据一些农场主反馈,现在许多农田的田埂垮塌情况严重,建议运用此法控草的农场主购买开沟机械,在农田四周开沟筑埂,以保证深水压草技术的顺利实施。

以机械除草,深翻与多次旋耕结合。一般耕地连续耕作几年后就需要进行深翻,深翻主要以秋翻地为主,秋季深翻可以避开冬季雨雪,深度一般在22厘米左右,黄土地、黄沙土最适宜的深度约为15厘米,黑土地最适宜的深度是25~33厘米。利用翻耕机将耕地表面的杂草种子翻到深处,抑制种子的萌发,降低杂草种子活性,并且可以增加土壤的通透性,改善土壤结构;多次旋耕是根据杂草生长周期,在其开花前、种子成熟前进行旋耕,清除已经萌发生长的杂草,鲜草旋耕到土壤中,进行发酵,增加土壤腐殖质含量,可促进作物生长。部分学者研究发现用土壤将杂草植株深埋入地面下,去除杂草地上部分植株是最有效的机械除草策略,深翻可有效地降低杂草种子活性。深翻也适用于成片林地,有农机设备的农场成本会更低,效果更为明显。

非化学除草剂控草。由浙江农林大学马建义教授研制的"竹醋液除草剂",利用竹醋液来抑制杂草生长,已被制成商品出售,可代替草甘膦使用。同时,国外文献研究发现一定浓度的有机醋也可以达到防治杂草的效果,需要定期喷施,效果明显。此外,阜阳农民发现石硫合剂(500倍水溶液)可以抑制已经对草甘膦除草剂产生抗药性的小飞蓬、一年蓬等杂草。

释放除草机器人。现阶段随着传感技术和计算机技术的逐渐成熟,行间机械除草自动化得到了较快的发展,基于机器视觉和北斗导航的株间除草技术研究即将成熟。总体来看,除草机器人目前成本较高,且不成熟,但随着科学技术的发展,特别是5G技术的成熟,其应用范围将越来越广,成本也会越来越低。

五 综合类杂草生态管理策略

除上述相生相克方法外,还可以通过综合建设与管理的方法来防治草害,营造良好的生态环境。

(一)利用农场规划控制杂草

建设生态隔离带控制杂草。根据当地的生态环境质量,隔离带一般建成8~20米宽,可由道路、河流、山体或树林等组成。隔离带最好是由乔木、灌木组成立体的自然屏障,主要是拦截随风飘移的杂草种子。一方面,隔离带可减少区域内的杂草种子数量,从而逐年降低杂草数量,防止恶性杂草种子的入侵;另一方面,隔离带可以起到生态保育的作用,成为农田害虫天敌的栖息地,这样既增加了生物多样性,又促进了生态产业的发展,生态效益重大,值得推广应用。

布局相生类植物或利用杂草控制杂草。在农场规划中不仅利用隔离带减少杂草种子,更可以主动布局一些与作物相生的作物与杂草,在促进作物生长的同时,抑制其他杂草生长。如萝卜地里保留连线草,土豆地里间作大麦等。

(二)完善农场设施控制杂草

完善水利设施,拦截杂草种子。以水稻生产为例,水稻生育期,需要多次进、排水,一般河流中都有漂浮的杂草种子,在进水口使用高密度网套(或类似工具),拦截水中种子,减少杂草种子随水流进入水田的数量,从而达到控制杂草的目的。

利用暖棚设施,采用高温闷棚技术,灭活杂草种子。在大棚种植下茬作物之前,一般在6月下旬至7月中下旬进行,采取高温闷棚消毒,是一个消除病菌、杀灭虫卵、清除杂草、改良土壤的有效方法。所谓的高温闷棚,就是将大棚灌水后密闭,再利用太阳的高温进行棚内杂草种子的灭

活,连续密闭 30 天以上效果最佳。棚内地表 10 厘米温度可以达到 70℃,这种方法成本低、污染小、操作简便、效果好,容易被群众接受。

高温堆肥灭活杂草种子。堆肥是将动物粪便(主要提供氮源)等与有机物类的秸秆、杂草(提供碳源)等,依照合理的比例混合自然发酵,有机物在分解过程中会释放大量的热量,这使得堆肥池在一段时间会保持较高温度。温度在 60℃ 左右时,持续 3 天就可以杀死禽畜粪便中的杂草种子,从而减少杂草种子来源。

(三)利用人工控制杂草

1.拔草

对农作物中的少量杂草,可以在日常田间管理时直接拔掉。另外,由于拔草是一种老少咸宜的农业劳动,可以作为农业体验的一种项目,结合农耕教育,向城市中小学生开放。

2.锄草

利用传统的锄头直接锄去杂草。这是劳动强度较大且成本非常高的农业劳动。对于没有农业经验的人来说,还需要进行专业的培训,避免在锄草的同时损伤农作物的根系。现代家庭农场在其他杂草控制方法失败后才会采用此方法。虽然人工锄草成本高,但是锄草本身可以改善土壤环境,促进作物生长,所谓"锄下有水,锄下有火",这也是中国传统农业的一部分。

3.火锄

针对部分耐高温作物,如番茄等,在杂草刚刚发芽时,直接利用液化气火喷头在田地里快速燎烧杂草,通过高温灼烧可以让杂草体细胞壁被破坏,大量水分丧失,导致杂草逐渐失绿直至死亡。用来处理 2.5 厘米以下的小草,其防治效果较好。火锄作为杂草控制方法之一不宜单独使用,可与其他生态方法配合,以降低其副作用。

▶ 第二节　病害管理

　　种植业病害主要由病毒、细菌、真菌等微生物以及线虫感染等造成。根据现代农业原理,如果环境健康,这些微生物一般无法感染植物,进而不会产生病害。而在环境恶化,植物不适应此环境,但某种微生物适应时,该种微生物数量便会快速增长,进而造成环境中微生物的局部失衡,产生病害。因此,防治的办法主要在于保持环境的健康,同时针对性提升植物免疫力,并发展以毒克毒、以菌克菌等方法。

一　病害治理原理

　　病害主要是由微生物之间的比例失衡导致。因此,解决病害的方法就是设法恢复微生物之间的均衡。对于弱势的微生物种群,设法提升,这就是相生策略;而对于强势的微生物种群,则设法压制,这就是相克策略。

(一)相生原理

　　秉持微生物之间相生相克的原理,解决病害方法之一就是扶正,增强植物自身抵抗力,恢复生态平衡,自然消除疾病。

　　(1)利用有机肥恢复有益微生物,增加作物抵抗力。由于长期使用化学肥料,土壤中微生物逐渐减少,并失去平衡。而向土壤中增施有机肥后,会让更多微生物恢复,从而形成有益的生态平衡,消除可能的病害。同时,有机肥通过均衡化的营养供给,可以使作物更加健康,进而减少病害。

　　(2)通过作物之间的轮作、间作、套作改善环境,调节微生物种群。植物一般会分泌各种化学物质,形成所谓化感效应,既可以控制其他植物,

也会影响到各类微生物的生长。当合理利用作物之间的共生关系后,作物之间会形成相互促进的微生物种群,进而提升作物健康水平。

(3)通过均衡施肥减少病虫害。植物在生产过程中,不同的阶段需要的营养元素会有所差异。如果某种元素严重缺乏,可能会产生相应疾病。因此,根据植物生长需要,针对性补充营养元素可以减少疾病。比如,西红柿在成长后期需要大量钙元素与硼元素,补充活性钙可以减少脐腐病的发生。同时也可以利用酵素与其他微生物制剂调节作物自身免疫力,进而减少病害。

(二)相克原理

调控环境控制病毒。对于病毒性疾病,目前尚无特效药。但只要保持良好的环境,就可以自动控制病毒。只有当植物与环境不匹配时,才会导致其免疫力下降,无法抵抗病毒侵袭。因此对于病毒性病害,其发病往往非常迅速,治疗难度大,因此应以预防为主,治疗为辅。

以病毒克制细菌。对于部分细菌性疾病,可以通过培养噬菌体进行针对性克制。该思路目前尚处于理论化阶段,相信在不远的将来会有相对成熟的产品投入市场。

以细菌克细菌。根据国内外众多学者的研究,以蜡质芽孢杆菌、枯草芽孢杆菌等细菌具有对其他细菌的抑制作用。以南京农业大学"宁盾"为例,其具有"活堡垒、植物疫苗、良好微生态"等作用,不但可以抑制其他细菌,还可以增强作物自身免疫力,进而减少各类病害。

以真菌抑制真菌。虽然真菌具有强大的感染能力,但在真菌界中也有抑制真菌的相应品种。以木霉菌为例,其具有感染其他真菌,并有"以其为食"的能力。当不同真菌相互抑制时,真菌病害会降到最低。

此外,线虫也是造成病害的重要致病源。而细菌、真菌也可以在一定程度上抑制线虫。

二 病害治理措施

（一）强化病害预防

对于经常性暴发的病害，要注意选育针对性的抗病品种，通过品种的完善来预防可能的疾病。抗病品种可重点从本地传统品种中筛选。这些品种经过多年栽培，已经适应区域环境，所以抗病能力更强。

加强农业管理，实现"错时、错峰"生产，减少病害影响。部分病害有暴发的高峰期，在不误农时的前提下，结合天气变化，实现错时、错峰生产，努力错过病害高发期，减少影响。

（二）及时治理病害

1.适量生物农药与天然化合物

根据作物的生育期和病害发生的时期，提前利用生态的生物制剂进行防治，如短稳杆菌、枯草芽孢杆菌、哈茨木霉菌、白僵菌、绿僵菌等。目前市场上生物制剂防治病害的产品陆续问世，如南京农业大学研发出的"宁盾"系列产品在实践中具有一定的增产提质效果；市场上较为成熟的哈茨木霉菌可有效解决灰霉病、霜霉病、白粉病等真菌性病害。而作为噬菌体的病毒也可以培养出来，作为一些超级细菌的特殊控制手段，但该方案正在研究之中。除上述微生物外，还有大量植物源农药，如大蒜、烟草等植物，经过浸泡等加工后，可以成为一些病害的防治药剂。

此外，许多天然物质对病害也有较好的抑制作用。以应用范围最广、时间最长的波尔多液为例，其病害防治效果并不比一般的化学农药差，而且相对环保，制作简单。波尔多液是因为最早在法国波尔多地区使用，所以得名。其制作方法简单：先用20%的水溶解等量的生石灰，得到石灰乳，保存于容器中；再用80%的水溶解等量硫酸铜，得到硫酸铜溶液，保存起来。需要使用时，先将2份石灰乳提前倒入喷雾器中，再将8份硫酸铜

溶液倒入喷雾器中,顺序不可变动,否则会形成无效沉淀物。波尔多液本身不具备杀菌作用,但其可以附着在植物表面,形成一层薄膜。当作物分泌酸性物质,或者细菌孢子萌发产生酸性物质时,波尔多液薄膜会形成铜离子,而这些铜离子可以被为害作物的细菌吸收,然后破坏细菌体内的酶,使其蛋白质凝固,进而杀灭细菌。波尔多液因为是与蛋白质产生化学反应,所以不会产生抗药性,而且其药效长,对产品品质无影响,是一种非常理想的天然防治病害的药物。除波尔多液外,石硫合剂与白涂剂也具有较好的防治效果,同时对产品品质与环境均没有负面影响。石硫合剂是由生石灰与硫黄粉熬制而成,其主要成分是多硫化钙,具有直接的杀菌作用。而石硫合剂附着在植物上后,多硫化钙与氧气、二氧化碳反应产生的硫化氢具有杀菌作用,硫黄沉淀物也具有杀菌作用。石硫合剂除杀菌外,还可以控制螨类与蚧类害虫。白涂剂也是生石灰与硫黄混合而成,但无须熬制,主要用于树木刷白,还可以用来杀灭星天牛、叶蝉、蚜虫等树干害虫。

2.清理

对于病害严重,且无法治愈的作物,应放弃治疗,并及时清理,以防止病害传染给其他作物。清理办法:①拔除,针对病害开始发生的少数植株,进行拔除,丢弃至较远区域或者直接焚烧;②修剪,经济作物发生病害时,可以将病枝及时修剪,消灭病源;③火烧,在秋季对少量的病残枝进行集中焚烧,破坏病原微生物越冬;④高温堆肥,利用肥料发酵的高温使藏匿的病原微生物失活,也可以有效降低病害发生。

3.利用农用酵素

利用农场富有生命力的植物与红糖制作成提升植物免疫力的酵素。这里的酵素是指以各种蔬菜、水果、中草药、红糖等为原材料,利用各种有益菌进行发酵,富含各类矿物质、维生素以及次生代谢产物的发酵产

品。在作物生病后,通过喷洒酵素来提高作物抵抗力,进行病害治理。农用酵素分加水和不加水两种。

(1)加水酵素制作流程。准备好糖(蜂蜜、红糖、冰糖均可)、植物(各种无毒植物)、水,重量比例为1∶3∶10,即1份糖,3份植物,10份水。把植物洗干净、切碎,与糖一起放入瓶中加水(需保证瓶中留有两成空间供其发酵)。如采用普通的密封瓶,前一个月每天要常搅拌和放气,注意千万不要将盖子拧得太紧,防止胀裂。搅拌可以让酵素发酵得更好,还可以让顶层的没被液体浸到的原料不会变坏。瓶内出菌膜,是好菌不断新陈代谢的过程,是水果皮的脂肪与蛋白质。发酵时间大约持续3个月,酵素制作成功的标准是没有臭味和黑毛,pH在4以下。发酵6个月以上最好,发酵期越久,酵素分子会更细小,植物会更容易吸收。

(2)无水酵素操作流程。准备好糖(蜂蜜、红糖、冰糖均可)、植物(各种无毒植物),以及各种水果。水果洗净,擦去表面水分,容器底部先铺一层糖,再摆一层植物(水果),再铺一层糖,再铺一层水果,如此反复。必须保证瓶中留有一成空间供酵素发酵,最后封盖。不加水酵素放糖时底层糖不要放得太多,顶层的糖能把原料盖住即可。另外边放水果时边震荡一下,水果就会下去很多。如采用普通的密封瓶,密封第1周每天要及时放出内部产生的气体。注意不要将盖子拧得太紧,防止胀裂。1个月后就可以使用了。

酵素制作完成后,可根据作物需要用水进行200~500倍稀释后使用。酵素在现代农业生产中的使用已经逐渐普及,其作用原理包括向作物提供微量元素与营养物质,提供大量有益微生物,提供小分子有机酸,诱导植物抗菌肽等。有机酸可以抑制有害微生物,有益微生物则可以占据有效生态位,减少病害发生。据相关文献,酵素在农业生产中的使用效应包括增产、改良土壤、促进作物生长、抗病治虫、降解农残、治理污水污泥

等。由于酵素是现代农业中全新的生产资源,我国仍缺乏足够的基础性研究,其应用潜力尚未完全发挥。

▶ 第三节 虫害管理

虫害是指各类螨虫、昆虫、线虫等给农业生产带来的危害。我国主流农业目前应对虫害的方法是化学防治。而化学防治难免会造成害虫抗药性增强、环境污染加剧、农残不可代谢等一系列问题。为解决上述问题,可以更多地使用生态方法进行虫害防治。

一 虫害预防措施

(一)建好生态保育带

农场害虫天敌的恢复是预防害虫最大的保障因素,而生态保育带的建设又是害虫天敌恢复的基本要素。尤其对于单一规模化种植的作物来说,必须要有占农场 5%~20% 面积的生态保育带,以促进各类害虫天敌的快速恢复。在多样化种植的现代家庭农场,可根据不同作物的布局适当减少生态保育带的建设。而在生态环境良好的山区与丘陵地区,可以不进行保育带的建设,仅结合农场绿化建设就可满足要求。

(二)做好农场基础设施建设

针对耕地外部地面迁入性的害虫,在作物四周挖一定深度的沟,就会有较好的拦截作用,如危害蔬菜的跳甲就可以用这种方法进行预防。许多害虫会回避荧光,因此将大棚门建设为荧光门可有效驱避害虫。建立防虫网也是有效防虫的办法,这依赖于农场基础设施的完善。对于防虫网拦截传粉昆虫的弊端,可以通过人工放养蜜蜂加以解决。

（三）农业措施

改善农作物生长环境。在防治线虫时，主要通过改变土壤 pH。如果土壤酸性过大，可以通过增施碱性肥料，如草木灰、生石灰将土壤 pH 提升为 6.5 以上，这样可以抑制线虫。对于直接取食茎秆的害虫，可以通过在底肥中减少氮肥、增加钾肥，提升作物茎秆硬度来减少虫害。

充分利用驱避、套作、陷作、错时与轮作预防并减少虫害发生。驱避是指在主要作物间作一些害虫讨厌的作物，如大蒜、葱，通过这种驱避作用减少虫害；套作是指利用上茬作物所带来的天敌，防治下茬作物的害虫，如麦棉套作就是利用上茬小麦上的瓢虫来防治下茬棉花上的蚜虫；陷作指在主要作物旁边种植害虫更加喜爱的作物，将害虫吸引到这些作物上，再利用生物农药集中灭除；错时是指刻意提前或推迟种植作物，以期错开害虫暴发高峰期，减少虫害的影响；轮作是指在不同的年度种植不同的作物，通过改变害虫的生长节奏来减轻害虫的影响。

二 虫害治理措施

（一）物理方法

根据不同害虫的趋色性，设置不同的色板予以诱杀，如在蔬菜地里安置黄色、蓝色粘虫板，可以诱杀同翅目害虫。许多鳞翅目害虫晚上都有趋光性（沿光线一定角度飞行），可设置不同的杀虫灯予以诱杀。根据全国各地农场的实践，1 个太阳能杀虫灯可较好地控制 30 亩左右的面积。只不过少数益虫也具有趋光性，这种方法存在一定的副作用。

（二）生物方法

生物方法包括投放天敌性动物，也包括利用微生物、植物等方法。使用微生物方法是指利用各类细菌与真菌感染各类害虫，进而起到控制虫害的目的。利用植物控制害虫的方法主要指诱集与诱杀。如岩兰草可以诱

集多类螟虫,并且可以分泌有毒物质毒杀害虫。只要在田埂四周种植岩兰草,就可以减少 50%~70% 的水稻螟虫。当然,也可诱集后用生物农药灭杀。天敌动物是最主要的方法,也是目前最为成熟的方法,具有市场化运作的基础,如捕食螨、赤眼蜂等。根据不同的害虫类型,投入不同的天敌对害虫加以控制,保证其数量低于防治的阈值。比如,可以利用瓢虫、捕食螨、赤眼蜂、草蛉去防治一些较小的害虫,比如蚜虫、螨虫、飞虱等;利用鸡、鸭、鱼去控制螟虫、蝗虫、茶尺蠖等。目前,南方非常成熟的稻鸭共养模式,就是在虫害严重的田块放养鸭子进行害虫控制,这是我国明代就已经普遍使用的方法。

由于微生物对于一般现代家庭农场来说自己制作较困难,所以市场上有相对成熟的商品化制剂。在虫害暴发严重的情况下,适当使用生物农药制剂进行治理也是合理的,比如使用绿僵菌、白僵菌、BT 毒素等已经成熟商品化的活体制剂,难度小、成本低,是化学农药较好的替代品。近几年来,由于一般的农场大量使用化学肥料与农药,导致土壤中产生了大量线虫。而在防治线虫时,生物制剂的防治效果可能已经优于普通化学农药了。比如,淡紫拟青霉菌是一种内寄生性真菌,主要寄主就是根结线虫,在寄生到根结线虫的虫体或者卵中之后,就会分泌一些代谢产物和毒性物质引起根结线虫和虫卵死亡,从而达到防治根结线虫的目的。生物农药制剂在适度使用的情况下,既可以减少损失,又可以减少农药残留,保护环境。

(三)化学方法

虽然现在的化学农药会导致各种环境问题与人类健康问题,但是一些天然化学物质仍然可以作为农药使用。此外,利用性诱剂诱杀害虫也是经常使用的化学防治方法。

(四)其他方法

在虫害对产量影响不大的情况下,可采用"忍受"策略,使其成为天敌的食物,维持农场中的天敌数量;对于已经无法挽回的损失,要果断放弃作物,可自然抛弃或集中处理,也可用于高温堆肥;人工捕捉害虫虽然低效,但仍然是一种可供利用的方法,也可以将其作为自然教育的资料之一。

第一节　家庭养殖管理流程

一　养殖选址与圈舍建设

　　家庭养殖场可以充分利用发酵床技术,其对环境影响较小,所以养殖场选址要求总体不高。但为方便管理与控制可能出现的疫病,养殖场的建设地点要适度远离村庄、重要水源、交通要道1千米以上。如果能利用地形与周边地区形成天然隔离,那效果更好。考虑到发酵床怕水渍,所以养殖场必须保证排水通畅,且将地下水位控制在发酵床地面1米以下。如果所在地区降水量较大,地下水位难以控制,则可以通过砌筑围墙建立地上发酵床,此时场址选择相对不再重要,但成本会显著上升。另外,任何畜禽养殖场都需要清洁的水源,独立、清洁的水源也是必须考虑的重点因素之一。

　　圈舍建设以简便实用为佳,要预留好圈门与足够的畜禽活动空间,实现圈牧结合。羊圈、猪圈、牛圈可利用不同圈门,实现分时、分区放牧与圈养相结合。在条件不允许的情况下,也可利用特殊设施实现区域轮牧,如肉鸡养殖可考虑利用可移动鸡舍进行轮牧(因为畜禽都有相应的活动距离),所以要想利用畜禽控草、治虫,则应该考虑轮牧。

二 养殖品种选择

近几年来,我国养殖业为了降低成本,从国外引进了大量的成长快、产量高的品种。但由于这些品种与国内生态环境不匹配,存在抗病力差、不耐粗饲、肉质差等问题。为了更好地实现种养循环、降低养殖成本、提高肉质口感,养殖品种应首选地方传统品种,尤其是名优品种,如淮猪、江淮水牛等。虽然这些品种养殖时间长、生长速度慢,但由于耐粗饲、抗病能力强,完全适应环境,所以其饲料成本、疾病防控成本反而更低,再加上口感更适应本地市场,其市场需求会越来越大。

另外,部分地方品种不仅作为肉用,还具有"劳役"价值。如皖南本地的"百日红"麻鸭不仅抗病能力强,还因体型小、灵活性强、体力好,成为稻鸭共养的首选品种;而江淮水牛更是自古以来农民耕地的主要畜力,且性情温顺,具有研究开发的巨大潜力。

三 饲料管理

国外现代养殖为追求高产与高速,强行给牲畜喂食大量的蛋白质饲料,如大豆、玉米等。但生态养殖为实现种养循环,会将更多的秸秆转化成饲料,所以对于草食性牲畜而言,一定是以干草等粗饲料为主,只能搭配一定量的鲜饲料与高精蛋白质饲料。而当动物食用的高纤维饲料增加时,其消化道将更加有力,使动物有更高的健康水平,减少许多疾病的产生。

在特殊的条件下,甚至要减少、停止饲料使用,让牲畜自行采食杂草等。如,为了让役鸭有更强的动力采食杂草与害虫,可在鸭子下田半个月左右停喂饲料。直至鸭子上市前一个月再补充饲料,实现育肥。而皖南地区养殖的本地特有品种黄山小黄牛,则根本不需喂食任何饲料,全部散养在山上,农民平时也较少管理,销售前才会将商品牛从山中找回。

四 防疫与疾病管理

为了减少各类化学药品的使用,养殖畜禽要重视防疫。根据养殖品种的不同,分别在其各个阶段注射相应疫苗。同时,要注重畜禽日常管理,保证良好的空气、水源、饲料,并做好分时放牧,提升畜禽健康水平。

发挥中草药的作用,实行无抗养殖。在日常喂养中,根据地理区位特征,投喂一些中草药。比如,华南地区养殖户可以给畜禽定期投喂传说中的断肠草(钩吻)。断肠草对人有剧毒,两三片新鲜叶片即可致人死亡,但是对牛、羊、猪、鸡等畜禽无害,定期投喂该种草药反而会使它们长得又肥又壮,且具有驱虫、防病等功效。因此,在华南地区,断肠草有"猪人参"之称。需要注意的是,该种草药对人体威胁甚大,传说中神农氏尝百草,遇毒则以茶解之,但最终却死于该草。除断肠草外,桔梗、小柴胡等中草药也具有不同功效,养殖户可以自己种植,并在不同阶段投喂给畜禽,可减少化学抗生素的使用,保证畜禽健康。

五 粪便管理

养殖企业应建立堆肥池,及时将畜禽粪便清理到堆肥池中,与各类秸秆、杂草进行堆肥。形成的有机肥供农场种植业使用,或者用于对外销售。

▶ 第二节　种养循环与微生物管理

一 种养循环的概念与意义

种养循环是指种植业与养殖业之间能量与物质的循环利用。在种养

循环中,种植业副产品作为养殖业饲料,而养殖业粪便作为种植业肥料,形成区域内部完整的产业循环。

种养循环是实现我国现代化农业的基本路径。现代化的农业一定是代表着我国当前最高水平的农业,其至少应该满足两个条件:一是可以为社会提供充足的安全、健康的食物;二是可以保护好环境。种养循环不但可以降低现代种植、养殖成本,还可提升农产品质量。更为重要的是,还可以保护环境,在环境污染不加剧并逐步减少的基础上,实现上述目标。因此,种养循环是实现我国农业现代化的基本路径之一。

降低农产品生产成本。现代市场上的生态农产品价格多为普通农产品的 3~5 倍,这会将许多消费者排除在优质的生态农产品消费之外。而在某个区域内部发展种养结合,实现全域有机,可将生态农产品价格降低为普通农产品的 1.5 倍以内,更好地满足了消费者对健康食品的需求。

全面解决我国粮食安全问题。种养结合实现后,可以以较低成本提供丰富的食物,从而在数量安全与质量安全两个维度上全面解决我国粮食安全问题。

二　微生物管理与种养循环实现

微生物是细菌、病毒、真菌以及其他微小生物的统称。微生物管理则是通过菌种投放,能量供给,温度、湿度控制等方法,对微生物种群结构与数量进行控制。微生物管理是现代家庭农场种养循环的重要环节,必须给予足够重视。

种养循环意义重大,但我国种养循环因为技术问题,并未全面实现。以生猪养殖为例,许多地方政府因为环境污染而直接将其驱离。解决此问题的办法就是重视农场微生物管理,完善种养接口技术,将养殖业粪便通过发酵转化成有机肥;同时,通过微生物发酵,将一些不易消化的秸

秆转化成畜禽可以消化的饲料。

根据多年实践,我国从韩国引进的发酵床技术已经相对成熟,可在农场层次实现全面的种养循环。

三 发酵床养殖

(一)发酵床养殖原理

发酵床可以理解为一个高效运转的特制堆肥池。其原理就是利用有益微生物去分解高碳原料与高氮的畜禽粪便,通过发酵将畜禽粪便与高碳材料全部转化成有机肥。只要发酵床碳氮比设置合适,整个圈舍就不会有臭味,畜禽生活环境也会较为舒适。所以,发酵床是一种非常理想的畜禽养殖圈舍。发酵床由韩国现代农业专家赵汉珪发明与推广,其理念先进,建设简单,已经在全世界范围得到推广应用。

(二)发酵床养殖意义

(1)降低成本,避免每天清扫圈舍,减少臭味与工作量。发酵床垫料都是高碳材料,可以与含氮较高的粪便综合发酵,不但可以免去每天的清粪工作,还可将粪便中的氮元素吸收,不产生任何臭味。

(2)美化环境,增加畜禽活动量,提升畜禽健康水平。发酵床清洁卫生,较为疏松,没有一般养殖场的脏污与臭味,畜禽生长环境非常舒适,且较为美观。此外,发酵床在制作过程中,可以适当加入蘑菇类菌种,在条件合适的情况下,菌种会萌发生长成各种鲜美可口的菌类。畜禽可以在发酵床内通过刨、拱等方式获得食物,并增加活动量,使得畜禽生长更为健康。

(3)污染零排放,还可生产优质有机肥。发酵床养殖的所有粪尿都被垫料吸收,连臭气都不会产生,所以对环境是零污染。不仅如此,由各类秸秆构成的高碳材料与高氮粪便结合以后还会产生优质的有机肥,使现

代家庭农场种养循环更为容易。发酵床床体可根据需要半年到一年清理一次,清理出来的有机肥可以直接使用,实现了秸秆与粪便对环境真正做到了零污染。

(三)养殖业发酵床制作

发酵床是生态养殖的重要基础。但在我国,尤其是南方地区发酵床养殖多数以失败告终。根据相关调查,其主要原因有两点:一是所选菌种活力不强,二是地下水太多。地下水位问题,其实在养殖场选址时就应该解决。而菌种活力不强导致的发酵床失败主要是由于菌种完全购买自日本与韩国。这些纬度偏北的菌种在我国北方会有较强的适应能力,但在我国南方则无法适应当地环境。解决办法就是鼓励农民自己就地采集"土著"微生物。以下发酵床制作方法就是基于农场主自我采集土著微生物,而非外购。

1.发酵床微生物采集

(1)采集土著微生物1号。将水分含量较低的米饭置于木盒中,用宣纸封好,见图6-1。为了采集到土著微生物,可将米饭放到本地的竹林、原始树木的树根下,这些地方是土著微生物的宝库。在天气寒冷的情况下,也可以将肥沃的土壤、枯枝烂叶用袋子收集起来,置于农场大棚墙角等地,并将米饭盒放入其中,同样可采集到土著微生物,见图6-2。

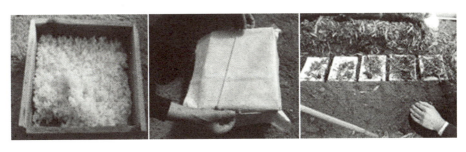

图6-1　采集土著微生物1号

图 6-2　棚内采集土著微生物 1 号

　　米饭盒覆盖草叶及腐殖土放置 4~10 天便可以取出。此时可发现米饭上面有大量的白色菌丝,这表明采集微生物成功。如果是黑色的菌丝,表明没有采集到理想的微生物。在土著微生物中,好气性微生物多为白色,而用于制作发酵床的微生物以好气性为佳。

　　(2)制作土著微生物 2 号。将土著微生物 1 号和红糖按 1:1 混合可得到土著微生物 2 号。此时土著微生物 1 号本身因为发酵,已经含有大量水分,加入红糖的目的是给微生物提供更多能量,促使其繁殖。此时的土著微生物 2 号具有强大的繁殖能力,为浓稠状物(图 6-3)。为制作土著微生物 3 号做好了准备。

图 6-3　制作土著微生物 2 号

　　(3)制作土著微生物 3 号。土著微生物 2 号用水稀释 500 倍,然后与粉碎的秸秆、锯末、稻壳、米糠等均匀混合,加水至混合材料含水率为 60%

左右(用手攥住时可从指缝中滴出水珠),然后覆盖发酵。一周后可发现材料堆上出现白色菌丝,这就是土著微生物3号,见图6-4。

图6-4 制作土著微生物3号

土著微生物在发酵过程中务必要覆盖,一是怕淋雨水导致降温,二是怕水分过量导致好气性微生物无法生长。覆盖方式与土著微生物3号成品,见图6-5。

图6-5 覆盖方式(左)与土著微生物3号成品(右)

(4)制作土著微生物4号。土著微生物3号与清洁的黄土1:1混合,然后覆盖,7天后可制作成活力强劲的土著微生物4号(有白色菌丝出现,图6-6),这是制作发酵床的基础,此时土著微生物4号约为500千克。

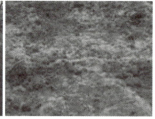

图 6-6　制作土著微生物 4 号

2.发酵床制作

（1）建设发酵床床体。单个发酵床面积不低于 20 平方米，深度不低于 80 厘米，这是保证发酵床温度的最低要求。床体有两种建设方式，可以向下挖或者在地面砌筑。不同建设方式的依据是地下水位，如果地下水位太高，则不适用往下挖发酵床床体，而应在地面通过砌筑，向上修建床体，这样才能保证能将发酵床的水分控制在 60% 左右，避免秦岭淮河一线以南地区出现"死床"现象。发酵床具体面积由养殖规模确定，每头猪的养殖面积不低于 2 平方米；羊、鸡、牛等畜禽根据放牧面积综合确定，一般每头（只）分别不低于 1 平方米、0.25 平方米和 4 平方米。为节省人工，发酵床床体制作时要预留小型铲车进出的通道，以便及时清运垫料。

（2）制作垫料。垫料应以高碳材料为主，可根据当地材料混合使用，一般包括锯末、稻壳、秸秆粉末、米糠等。将制作好的垫料与土著微生物 4 号按 5:1 比例混合，加水至混合材料含水率为 50% 左右（手抓可成团，松手即散，手上有水迹，指缝无水渗出），直接在发酵床中间发酵一个星期，等温度明显下降后，再将垫料均匀铺入发酵床床体中。垫料要适当高于床体，待畜禽进入后会自然下降。

（3）日常维护。根据畜禽排粪情况，每隔 3~5 天翻整一次。如果过干可以适当加入水分，以保证没有灰尘为宜。在雨季一定要做好排水，保证发酵床能正常运转。在垫料下陷幅度较大，或者清理出部分垫料后，应及时适当补充新的垫料。发酵床可以根据整体使用情况，2~3 年清理一次。

第七章 农场消费性服务业管理

农场服务业包括生产性服务业与生活性服务业两部分。生产性服务业主要是各类生产活动，包括农资购买、产品销售、农机服务、农技服务等，既可以是农场向外提供，也可以是农场采购的服务。生产性服务业几乎所有农场都有，并不是现代家庭农场的独有业务，本书不做重点论述。生活性服务业主要是指农场研学、体验、餐饮、住宿等以生活性消费为主的业务，是农场服务于社会的全新业务，这是现代家庭农场所特有的业务，将重点论述。农场要发展服务业主要有两个方面的原因：一是满足消费者的内在需求，二是农场自身发展、提质增效的客观需要。由于中华民族是农业民族，具有传统的农耕文明，所以大多数消费者的基因里面都沉淀着农业知识与农业劳动的习惯。这种内生基因的需求会使人们在现有工作之余，寻求农业体验，并将之作为成长的一部分。在某种程度上，农业体验不仅使人的身体更加健康，而且会使人的精神及意志层面的成长更加全面、强大。同时，现代家庭农场要想解决生产者与消费者之间的信任问题，也需要消费者来到农场进行深度体验。农场生活性服务业不仅满足了消费者内生基因的需要，农场可以凭借自身的地理环境优势或农业资源优势等，着力发展餐饮、住宿、研学、观光等产业，形成农场全新的利润点。

▶ 第一节　农场研学

一　农场研学概念

　　研学是研学旅行的简称,现在更多称之为"研究性实践教育",它包括广义与狭义两个层次。广义的研学旅行是指一切以研究性学习为目的的旅行,可以理解为基于实践的研究性学习,是研学概念最为本质的体验,区别于校园内的讲授式学习。狭义的研学旅行是指面向中小学生,由学校组织的,作为学生综合实践活动课程教学内容的集体旅游活动。研学旅行教育是对传统应试教育模式的突破,使得旅行和教育相结合,以寓教于乐、寓学于乐的方式,提升孩子的学习兴趣,是"读万卷书,行万里路"教育理念的具体体现。

　　农场研学则是指现代家庭农场设计以自然资源、农业资源、传统文化等为教学内容,以广大中小学生为服务对象,以提升学生综合素质为目标的教学活动,是农场服务业中的重要组成部分。

　　2016 年教育部等 11 部门颁布的《关于推行中小学生研学旅行的意见》指出,中小学生研学旅行是由教育部门和学校有计划地组织安排,通过集体旅行、集中食宿方式开展的研究性学习和旅行体验相结合的校外教育活动。开展研学旅行,有利于促进学生培育和践行社会主义核心价值观,有利于推动全面实施素质教育,促进书本知识和生活经验的深度融合。现代家庭农场作为现代农业新型经营主体,在提供各类研学活动方面具有独到的优势,是中小学生开展研学旅行的理想场所之一。

二 农场研学意义

(一)弥补学校教育之不足,满足青少年健康成长需要

现在学校的基础教育与孩子的成长过程并不完全匹配。作为孩子,在大自然中锻炼会更有利于促进免疫系统发育与身体素质提升,也更有利于各项技能的学习。但由于成本太高,多数城镇孩子没有机会接触大自然。尤其是许多男孩子,天生就有在原野里跑跳的欲望,但只能坐在学校的小板凳上听课、学习,而不能在大自然中高效地认识动物、植物,更不能亲身体验各种捕鱼、抓虫、摘野果等技能。孩子内在成长需求与当今的教育供给出现了严重的供求脱节。现代家庭农场如果可以将研学做好,可以极大地弥补传统学校教育的不足,有利于培养出德智体美劳全面发展的优秀人才。

(二)提升少年儿童免疫能力

人体免疫系统需要通过锻炼才可逐步完善。在城市中,由于孩子无法安全接触各种微生物,其免疫系统完善时间更长。原本六岁就可以成熟的免疫系统可能要延长到八岁,甚至更久。解决的办法就是让孩子到自然界中安全接触各种微生物,完善免疫系统。现在国内有部分现代家庭农场,利用农场健康的环境,鼓励孩子接触土壤,通过玩泥巴甚至"吃土"等活动,安全接触各种微生物,进而刺激免疫系统,形成健康的体魄。

(三)提升中小学生自我控制能力与心理素质

孩子的成长过程就是实现自我控制的过程。人的自我控制可以理解为人的意识(现实环境在大脑中映射的总和)对人的各种遗传机制的控制。大脑由脑干、大脑皮质等构成,每一层的大脑都是一些特定机制的产物。比如,自主神经所在的脊椎,控制着人们的呼吸、排泄等基本生命机制;脑干,控制着人的运动机制;脑丘,控制人的情感机制。这些机制可以

不受大脑意识的控制而自主产生行为,比如鼻中有异物时,会直接通过打喷嚏将其排出,而遇到异物飞向头部时,我们会下意识摆头避让。随着人的成长,大脑可以控制越来越多的内在机制,例如在婴幼儿时期,人不能控制住自己的粪尿排泄,但长大后会很好地控制住。但并不是所有的机制都可以受大脑控制,尤其是代表着人类各种强烈欲望的机制,并不是所有成年人都可以控制好。所以,人的成长过程就是人的自我控制过程,帮助学生找到自我控制的方法就是基础教育的重要内容之一。

研学教育有助于孩子心理素质的提升。当孩子们的自我控制能力提升以后,其大脑中各种机制被激发,由潜能转化为现实能力,孩子的自信心会增强,耐挫折能力也会增强,心理素质将会明显提升,进而减少因为老师或父母责骂而表现出过激行为。应用甚广的正念疗法也是从增强大脑的控制力入手,消除多种心理障碍,提升青少年与成人的心理素质。

当然,研学活动也有助于成人的身心恢复与成长。由于我国传统教育非常注重文化知识学习,但没有关注大脑潜能开发,所以导致部分成人也存在一定的身心发展不足。研学活动也有助于成年人开发自我潜能,实现身心再次成长。

(四)传承传统文化,丰富城乡居民生活,实施爱国主义教育

由于我国众多的传统文化都依附于农业与农村,所以发展农场研学可以更好地传承传统文化。文化传承可以丰富城乡居民生活,提升人们的幸福指数。此外,优秀的文化传承,尤其是现在的红色文化,还是非常优质的爱国主义教育素材。发展研学活动,可以将团队精神、爱国主义教育融合起来,发挥出巨大的社会效益。

(五)建立消费者与生产者相互信任机制,形成现代家庭农场稳定盈利点

研学教育作为新兴旅游产业,更容易成为农场发展的盈利点。对于农场来说,可以通过研学将农场与家庭连接起来,逐步建立生产者与消费者之间的信任。

值得注意的是,研学对象并不仅仅是中小学生,部分成人也会是农场的服务对象。但由于这不是主要群体,其意义在此不做强调。

三 农场研学内容

根据不同的年龄阶段对知识的要求程度及关注的成长点不同,农场研学教育大致可以分为以下三类内容:自然教育、农业教育、传统文化教育。

(一)自然教育

1.服务对象

自然教育主要面向6周岁以下儿童,通过在大自然中游戏来理解自然、认知自然、强化免疫。同时,自然教育也适合少量特殊成人。一部分以创新为主的"创客"可以在自然中获得更多灵感,实现"道法自然";另外,自然教育也可以帮助一部分心灵受伤的成年人恢复身心健康。

2.自然教育内容

(1)自然认知与接触。通过"视、听、嗅、味、触"来认识自然、感知自然、学习自然。自然认知活动非常丰富,如感知天象、观察动植物、体验山水等。

(2)自然游戏。充分利用自然环境中的地形与材料,设计各类游戏活动。如爬树、戏水、穿越丛林等。通过游戏,拉近孩子之间的距离,提高孩子的人际沟通能力。除游戏外,还可以模拟人类在自然中的演化进程,通过游泳(水生生命状态)、爬行(陆上生命状态)、跳跃(猿猴丛林生活状态)、跑步(原始狩猎状态)、走路(最近演化状态)等方式进行锻炼,激发孩子的各层级原始潜能。

(3)自然创作。向自然学习,充分利用自然界中的各种材料,鼓励孩子

进行各类创作,如用树叶作画,用土堆城堡,利用树木建简易树屋,用树枝制作工具等。通过自然创新提高孩子的动手能力和观察能力。

(二)农业教育

1.服务对象

农业教育主要面向 6~12 岁的学生,将小学科学课程教学与农业教育相结合,使学生掌握基本的农业知识与食品安全知识,为后续学习打下良好的基础。

2.农业教育项目内容设计

根据条件,农业教育可以分为农业认知教育、农业体验教育、农业创新教育以及食物与烹饪教育等。

(1)农业认知教育。通过简单的接触、介绍,让孩子认知农业中的各类生物,了解农业知识与文化。具体包括:微生物教育,认知细菌、真菌、病毒及其导致的各种动植物病害;植物教育,认知各类植物,尤其是重要的农副产品,如小麦、水稻、玉米、大豆、花生以及各种常见的瓜果蔬菜等;动物教育,认知各类动物,了解其生活习性、对人类的作用等。

(2)农业体验教育。农业体验教育是指让孩子亲身参与农业生产活动,通过实际体验来增长知识和技能,掌握基本的农业知识与传统文化。农业体验具体包括插秧、除草、采摘、农产品加工等。

(3)农业创新教育。鼓励孩子发挥其天然的想象力,利用农业知识进行各种简单的创新活动,如进行插花设计、编织设计、农田景观设计、农产品形状设计等。农业创新教育与农产品销售要紧密地联系在一起,如儿童设计的盆栽水稻与金鱼共养产品,就是孩子们最喜爱的产品,也是自然馈赠给孩子们的"礼物"。

(4)食物教育。在农业知识学习的基础上,让孩子了解动植物作为食物的特点与功能,让其明白动植物生长与食品的关系,明白食物的来源与健康的关系。同时也可以让孩子了解食物与健康的关系,如我国传统食物观中的"五谷为养,五果为助,五畜为益,五菜为充"等。

(5)烹饪教育。从原始社会的直接用火烧,到后期的用鬲煮,再到用铁锅炒,全部设计成针对不同年龄段的研学项目。对于年龄较小的孩子,教其学会挖洞烧"叫花鸡"之类的方法,学会用火等基本生存能力。对于年龄较大的孩子,可以让他们接触农场大锅灶,自己采摘食物,然后学会简单的烹饪方法,了解烹饪与营养的关系,尝试较为复杂的烹饪。

(三)传统文化教育

1.服务对象

传统文化教育主要面向 12~18 岁的学生,结合中国文学、学校课程以及地域特色等开发文化传承类研学项目。

2.服务内容设计

农场文化传承教育内容包括中国传统文化的方方面面,既有人们熟知的文学、武术、养生、建筑、手工,也包括具有地域特色的舞龙、舞狮、高跷、戏曲等。由于汉字是文化的载体,所以农场文化传承可以以汉字为导引,结合区域文化与地域特色进行设计,形成各具特色的汉字农场教育项目。此外,全国不同的现代家庭农场已经探索了手工、射箭等传统文化研学项目。

四 管理策略

(一)设计策略

1.根据区域特色设计独特的自然体验项目

自然体验项目的设计应突出"复古"和"独特"的原则。"复古"是指传统的工具,具有文化特色,是现代生活所没有的东西,比如丛林中的秋千,日出而作日落而息的生活状态等。"独特"则是指与别处不一样的项

目,拒绝千篇一律,一定要将传统的特色与地域文化体现出来,如江南水乡可以设计龙舟、捕鱼等研学项目,而淮海平原农区则可以设计红色教育、革命战争题材类研学项目。

2.根据不同目标顾客设计服务项目

不同的顾客在不同的时间会有不同的需求,可根据顾客的需求,灵活设计相关服务项目。

(二)宣传策略

1.宣传同步

灵活运用线上和线下的宣传模式。在线上,要借助互联网媒体等平台,宣传新项目;在线下,选择与幼儿园、中小学等相关的教育机构直接对接,进行新项目的宣传推广。

2.加强与专业研学教育机构联系

按照教育部门对中小学研学教育的要求,开发新项目并主动与知名的研学教育机构合作,合理分工,共同发展。

(三)服务策略

(1)服务项目设计要保证全程安全、细致、有价值。针对小孩子天性活泼好动、"初生牛犊不怕虎"的特点,研学过程中要格外注意他们的人身安全,要从环境、工具、人员等几个方面进行精心设计,确保服务周全、细致。此外,每一项活动都要保证有其特殊的价值性。

(2)增强农场基础设施建设与员工素质,提升服务能力。根据客户需求,完善农场基础设施;同时注重员工的培训,提高员工的服务能力和服务意识。

(3)做好效果反馈,注重可持续发展。通过利用各类新媒体或者直接打电话等方式建立与客户之间的联系。

▶ 第二节　农场体验与休闲

一　消费者农场体验管理

(一)农场体验的概念与意义

农场体验是指消费者到农场实际感觉环境、人员、技术、产品等要素的行为。农场体验是建立消费者信任最关键的环节,是每个农场必须要完成的工作。农场体验既是农场服务业的重要内容之一,又是农场特有的营销方式,还是现代家庭农场发展的核心。

(二)农场体验的主要内容

1.农场环境体验

消费者定期参观农场、了解农场环境是消费者体验的一部分,其作用有两点:①对农场来说,消费者参观形成的倒逼机制会让农场主动提升生态农产品生产水平,不断改进生产技术,提高农产品的质量。②对消费者来说,定期参观农场的制度有利于消费者增强对农场生产实践的监督意识,培养维权意识。可以根据消费者与农场联系紧密程度,将其分为每周参观、每月参观、每季参观与偶尔参观几个层次。但一定要形成强制性规定,凡是农场消费者必须每年至少参观一次农场,这既是消费者的权利,也是消费者的义务。

2.生态技术体验

农业生态技术大致可划分为有机肥施用技术、病虫害防治技术和生态控草技术。其中有机肥施用技术,主要是在农产品生产过程中,以有机肥代替化肥的技术;病虫害防治技术则是利用生物之间相生相克的原理,采

用生物技术、物理技术、驱避技术等进行病虫害防治的技术;而生态控草技术则是利用除草剂以外的对农产品质量与环境无害的控制杂草的技术,包括共养、人工除草、绿肥控草、覆盖等技术。由于生态技术并没有得到社会大众的认可,所以对农场主的信任以及对生态技术的信心都没有稳定的社会基础。在农场内部确立面向消费者的生态技术介绍与体验制度,可以把生产技术完整、准确地展现给消费者。这种技术传播不仅可以建立生产者与消费者之间的信任,更能让消费者建立起对生态技术的信心。这种传播不仅能让生态技术变得更加普及,而且也可使消费者认识到现代农业的真正成本,进而认可产品价格的合理性。除技术介绍外,还可以鼓励消费者对生态技术进行实际操作体验。通过实际操作,可以加强消费者对生态技术的认知,从而加强了信任。与此同时,也让消费者在繁闹的城市中体验与众不同的"种豆南山下"生活的愉悦感与宁静感,增强与农业的感情牵绊,利于形成稳定的客户群体。

3.农场产品与人员体验

消费者到农场实际消费农场的各类产品,同时与农场主以及管理人员进行交流。人员之间的交流,尤其是定期、多频次的交流可以建立起非常牢固的信任。而质量良好的产品也会让消费者感受到生态农产品的价值,并从内心产生认可。

二 消费者农场休闲服务管理

农场休闲服务是指农场建立的以满足消费者休闲需求为主要目标的各类服务活动,主要包括垂钓、狩猎、采摘、食品制作等。

(一)农场休闲的意义

1.恢复消费者身心,获得愉悦与放松

农场休闲活动可以给城市消费者带来许多锻炼机会。农业劳作强度

不大,且较为平和,可以给消费者提供一个锻炼身体的非常好的机会。根据心理学知识,一个人的快乐强度(J)=努力成效(W)/期望水平(E)。对于一个农耕民族而言,一些简单的农业劳动,在稍加培训之后,消费者就可以较快上手,如捕鱼、采摘等。当消费者在从事这些活动时,他们期望水平不高,但成效可能非常大,所以总体快乐水平比较高。此外,人们在放松的环境中,一些美食与简单的快乐有助于人们平复紧绷的神经,提升消费者的幸福感。

2.提升消费者的能力

农场休闲活动不仅可以恢复消费者身心健康,还可以根据消费者需要,设计难度较大的项目,提升消费者相应的能力。如农场垂钓活动可以提升消费者静心养生能力,农业劳作可以训练消费者的体力、耐力等。中国传统文化强调"道法自然",也就是人们可以向自然学习,比如人们向受伤的老虎学习,找到了可以止血的三七草,这是云南白药的主要成分。

除此之外,农场休闲还可以增加消费者的信任与农场的利润。相对前两点来说,这两点不是消费者关注的重点,但却是生产者最为重视的地方。

(二)休闲设计的方法

休闲就是把原来的工作拿来"玩"。因此,设计休闲活动最简单的办法就是将过去人们所熟知的工作设计成农场休闲活动。具体休闲活动的设计要根据当地的自然条件与传统文化进行界定与尝试,以消费者能力提升与满意度为衡量标准。如钓鱼、打猎、插秧、建树屋等。

休闲活动的目的是给消费者带来快乐,而做所熟知的事情正是给人们带来快乐的最基本方式。根据心理学规律,快乐是活动的实际成效与人们期望之比。如果快乐的实际成效远高于期望,则快乐强度大;否则,就没有快乐,甚至带来失望与痛苦。休闲项目多数是人们过去所熟知的

工作,而且是经常要干的工作,所以,其难度较低。即使不会,经他人稍微指点后就可以上手,这样,其效率会比自己想象的要高。同时,消费者对这些活动的期望值比较低,并不是真的让自己非常能干,只要能"玩"就行。所以,从事这类工作一般都是实际成效远高于自己的期望,自然可以给消费者带来快乐。

无论是消费者定期参观农场制度的建立,还是生态技术的介绍与体验,都是一种双向交流的过程。这种双向交流次数的增加会在制度帮助下形成一种稳定的交流,而信任正是在这种稳定的交流中形成的。双方交流越全面、越坦诚,信任的建立就会越有成效。而一旦双方形成高度的信任关系,满意的产品销售与基本利润就不再是农场刻意追求的目标了,而是顺理成章、自然发展的结果。

第三节 餐饮与住宿

一 农场餐饮

餐饮是农场开展服务性业务的基本配置。在农场规划时,就应该对餐饮的布局进行设计。同时,对可能的各项设施与设备进行购买与安装,保证农场生活性服务业的稳定发展。

(一)大锅灶、开放式厨房和餐厅设计

大锅灶位置的设置要合理,应具备良好的通风、通气条件。开放式厨房,应设置洗菜池、储物空间、置物台等,可采用"一"字形框架,将洗菜池、储物空间、置物台依次排开。也可采用多层次框架,建造一个双层空间置物台,第一层利用小部分空间做洗菜池,其余为置物台。第二层则做

储物空间,存放各种必需的调料、餐具等。餐厅的设计则应与大锅灶和开放式厨房常用物品隔开,形成空间感,餐桌上装饰绿色植物,给人以舒适的就餐环境。如果农场顾客人数不确定,可以购买移动式锅灶。根据顾客需要,自由移动到合适位置,增加顾客参与性与趣味性。

(二)厨房与器具管理

厨房应保持清洁、干燥,并进行定期整理。器具应齐全,以满足烹饪的基本需求,如锅铲、碗筷、汤勺,以及基本调味料(盐、糖、辣椒等)的准备。在消费者使用过后应及时清理,保证设备与器具的整洁与安全。

(三)消费者采摘、烹饪体验实践

根据研学项目的需要和农场的生产实践,农场应做好规划与建设,种植可采摘的果蔬,让消费者能体验到取之于田和接近自然的乐趣。草莓、西红柿、黄瓜、芹菜等色彩较为鲜艳的农产品,本身可增强食欲,具有较大的采摘吸引力。对于采摘来说,第一个原则是品质越高越好,第二个原则是可采摘的周期越长越好。同时,应配备一部分食品烹饪等方面的书籍,有助于消费者将采摘到的食材变成舌尖上的美味,增强消费者的收获感和满足感。

(四)特色菜肴研发与推广

农场应针对研学需要和自身经营条件种植蔬菜和生产畜禽产品,为特色菜肴研发提供食材。可根据研学主题,进行菜品研发,例如设计土豆宴、豆腐宴等主题蔬菜菜肴,增加烧烤系列、蒸煮系列等技术类菜肴。最后以菜谱的形式进行推广。农场特色菜肴的开发需要农场结合自己种植的特色食材进行设计,并能保证口感与营养。

加强特色菜肴的宣传与现场教学工作。特色菜肴开发出来以后,要及时申请专利,使其成为农场与会员的特有财富。特色菜肴可以通过视频与现场教学方式传授给消费者,引导消费者进行科学消费。

二 农场住宿

(一)住宿特色设计

住宿特色设计根据不同的群体会有不同的需求。有住宿需求的群体大致可划分为三类:无孩子的家庭、有孩子的家庭以及老年人。

无孩子的家庭一般是处于高强度工作压力且对宁静生活有追求的年轻人。房间内不应放置电脑等办公用品,其他摆设应以简洁、大方、绿色环保为主,可设置小型座椅等休息喝茶的地方。

有孩子的家庭房间则要以满足小孩子好奇心为原则设计,房间内可适当摆放卡通动漫产品,摆放含羞草之类有趣味的植物;同时,房间内不宜放置大型家具,家具边角应适当圆润,以避免小孩子磕磕碰碰现象的发生。

针对老年人睡眠较浅的特点,应给老年人选择安静的住宿房间,同时在住所周边种植安神类花草。

农场住宿最大的困难是没有建设用地指标。在没有用地指标的情况下,可以借用现在的空心村庄,将村庄内闲置的老旧住宅进行翻新、装修,形成较为舒适的居住条件。在投资不足时,也可以与村民联合,共同建设民宿。

(二)住宿产品设计

这是针对孩子们设计的特殊住宿类型。如果农场有大树,则可以根据条件建造树屋。没有大树,也可以借助几棵小树建造小型树屋,甚至可以鼓励游客自己建造简易树屋。露营是接触大自然的一种较好方式,对于在城市中生活的孩子们来说,这种接触自然的方式是他们从未体验过的。所以,为了满足孩子们的内心需求,农场应该建设一些可供游客露营的草地,在保证安全的情况下,鼓励游客搭帐篷露营。另外,这种露营也

是解决农场住宿条件不足的一种权宜之计。

三 管理策略

(一)确立管理制度

(1)建立保持环境与器具整洁的管理制度。餐饮与住宿是农场展示自我的重要因素。而整洁与有序是游客最为重视的两个方面。在农场餐饮与住宿管理方面,环境的整洁是给游客的第一印象。农场所有的工具、产品、废料必须要有严格的管理制度并安排专人进行管理。在餐饮方面,厨房各种调料、餐具、柴火管理也非常重要。如果管理混乱,给人第一感觉就是不卫生、不安全。而事实也是如此,一些管理混乱,或者没有消毒的餐具极有可能带有传染性的病原菌,所以农场建立整洁、安全的管理制度非常重要。

(2)建立问题的发现、反馈、处理系统。对于刚刚从事服务业的农场来说,其出现服务细节上的瑕疵也在所难免,但是否具有纠正能力则是非常重要的。消费者对于一次的不周到可能会选择原谅,但对于多次不周到,且没有任何改进的行为则会无法容忍。因此,农场需要建立一套可以发现问题、反馈结果并及时处理从而不断提升自己服务水平的特殊系统。

(二)设立专人负责,做好登记、组织、反馈工作

(1)农场专人管理。上述两项制度的形成是基础,更为重要的是建立专业化的岗位来进行管理。虽然农场多数工作都是兼职性质的,但是类似服务工作应由专人负责,或者至少建立专业化的岗位来负责。

(2)鼓励消费者作为志愿者参与工作。对于人手不足的农场,可以发动农场的消费者以志愿者身份参与管理工作。一方面,这是农场体验的一种形式;另一方面,也是让消费者建立主人翁意识的一种方式。有了消费者的参与,农场的服务活动会有更好的效果以及更及时的反馈。

第八章

农场营销管理

▶ 第一节　农场的营销策略

一 建立 CSA 营销模式

CSA(community supported agriculture)是社区支持农业的简称。CSA指的是一种农产品及其所支持的社区之间风险共担、利益共享的生产、营销、消费的组织模式。这种模式最早发源于日本,即"提携"(Taikei)制度,是日本消费者在 20 世纪 60 年代食品质量出现各种安全问题以后采取的一种自保行为。日本的消费者联合起来,与生产者(农民)联系,要求按他们的方式进行生产,并且完全购买生产的全部产品。而后这种方式传播到欧洲与美国,并在美国发扬光大,最终传播到全世界。在我国,中国人民大学温铁军教授的学生石嫣博士发起的 CSA,自 2012 年起在全国进行推广,目前在全国有 400 家 CSA 农场,并形成了全国的 CSA(现在也有翻译成社会现代农业)大会,其影响力越来越大,推动了我国现代农业的健康发展。

CSA 营销模式可以实现生产者与消费者的共赢。CSA 优势在于能够最大限度地减少市场交易过程中的不透明环节和信息不对称情况,让消费者真正了解到自己买到的农产品是谁生产的或者采用什么方式进行

生产加工的,从根本上解决了农产品质量安全问题。同时,CSA 模式还可以让消费者充分参与到农业生产中,真正形成社会化的农业,逐步建立起生产者与消费者之间的信任关系。

目前,在国外农业发达国家,CSA 已经普及。与农夫市集和零售商店相比,CSA 组织模式能够让更多的生产者和消费者受益。比如,美国的 CSA 采用多样化的会员制度, 可以让不同层次的家庭都加入这个组织,为 CSA 提供稳定的客户源。因此,中国的现代家庭农场营销也有必要积极引入这一模式。国内许多地区已经建立了本土化的 CSA 模式,例如:北京大兴活力有机菜园以农户及合作社作为生产主体,实现了低成本有机农业;北京分享收获有机农场作为 CSA 在中国最早的践行农场,其农场主石嫣通过对美国 CSA 模式的借鉴,结合个人品牌及高校、社区资源,创建了具有中国特色的新型 CSA 社区支持农业新模式;重庆和初人农场以市民作为生产主体,有效利用城市社会资本,推动现代农业发展。

二 建立完善的产品体系

现代农业已经不能单纯地只做种养了,想要获得最大的利润,就要实现三次产业融合,建立起一套完善的产品体系。首先在农场发展前期,由于资金不足、经验不够等原因,可以先突出种养结合,丰富农场的产品线,再进行适当的农产品加工。后期随着农场建设的深入,可突出生活服务业,加大研学、体验、餐饮、民宿等服务产品的供给。既满足了消费者的各项需求,同时也可以获得更大的利润,并最终实现农场产品的多元化供给体系。

三 形成独立的营销渠道

石化农业已经形成了自己稳定的营销渠道。而生态农产品要想建立

适合自己特征的营销渠道,就必须脱离现在的农产品营销主流渠道,形成自己特有的营销渠道体系。从目前实际情况来看,我国现代家庭农场营销主要可以采用以下几种营销渠道。

1.会员直销

会员直销即会员配送制。生态农产品生产企业、销售商或者农户必须确定目标客户群体,通过"商会、车友会、同学会、业委会"等关系建立会员制供需关系,直接将产品配送到消费者手里。会员直销配送也可以采用订单方式。农户、生产企业与销售商可以建立一种长效合作机制,共担风险、共享利益。

2.农夫市集

农夫市集是指立足当地市场,结合本地和周边的现代家庭农场的农产品,形成一个生态农产品与消费者面对面交流、沟通、监督、互动的双向平台,做到"0"渠道营销,降低生态农产品的销售成本。

3.生态农产品专卖店

专卖店这种销售方式能够将生态农产品与石化农产品区别开来,让消费者在专卖店里接触到各种生态农产品和相关健康知识,在定位目标消费者的同时也培养了潜在消费者。

4.生态农产品超市

即建立类似美国的"全食食品超市"。在现阶段,我国消费者尚未对生态农产品建立起足够的信任,这种大型生态农产品超市也尚未建立坚实广泛的消费者基础,目前尚不适合。但是,在未来生态农产品观念普及,建立起与消费者之间的信任之后,该类超市依然是一种较好的销售渠道选择。

(四) 充分利用新媒体,有效传递农场各类信息

现代家庭农场的营销,需要充分利用新媒体的传播优势,加强品牌的

宣传,提升品牌农产品的市场占有率,保证农产品优质优价。农场创建初期可以利用微信公众号、微博以及抖音的形式进行品牌宣传。销售方式可以采取先在微信、抖音上开设微店进行自主营销,然后再建立独立的网站、APP等同步宣传农场品牌。在进行农场品牌宣传时,除宣传传统的产品质量信息之外,还应该将生产技术、生产环境以及生产人员等信息及时传递给消费者,让消费者在购买产品之前就能全面地了解产品的详细信息,从而建立起消费者对农场主以及农场品牌的信任。

五 形成科学、合理的定价策略

生态农产品不仅是一种消费产品,更代表着一种健康的生活方式。无论是高消费人群,还是低消费人群,都希望购买到质量安全的生态农产品。因此,生态农产品品牌的价格定位应该由低端走向中端与高端,体现出层次性,保证生产者有相应的利润,愿意从事农业生产。价格高的生态农产品目标锁定在高消费人群,不仅要产品质量好,而且还要提供更多的服务;而价格低的生态农产品目标锁定在低消费人群,可以鼓励他们成为农场会员,参加农场劳动以劳动换产品,不仅可以降低消费者购买成本,也可降低农场的生产成本,不失为一种双赢策略。

▶ 第二节 农场品牌创建

一 农场品牌理念设计

(一)品牌概念

品牌是指代表消费者认知的一套标识系统,可以代表消费者对农场

品牌的认知。品牌包括品牌名称、品牌标志。而品牌标志又包括标志物、标志字、标志色、标志音、标志味等几个部分,其中品牌名称和品牌标志物、标志色、标志音可以注册成商标并得到国家法律的认可与保护。

(二)品牌理念与核心价值

品牌理念是指导品牌建设的一系列观念总和,包括对外的品牌精神与对内的品牌价值。品牌理念中最重要的就是品牌核心价值,它是品牌向消费者发出的承诺,是消费者购买该品牌及其旗下产品的理由。

(三)品牌核心价值设计

品牌核心价值设计要考虑到环境发展趋势、消费者需求、竞争对手特征等因素。在综合考虑的基础上,设计出品牌核心价值,并且用一句话进行概括。品牌核心价值是以后品牌定位、品牌宣传的基础,也是品牌创建中最核心的内容。

二 农场品牌设计

农场品牌核心价值设计完成以后,要通过品牌名称与品牌标志将其表达出来。品牌名称是品牌中可以称呼的部分,品牌标志是不可称呼但可以识别的部分。

(一)品牌名称设计

品牌名称是商标中可以直接称呼的部分,是品牌最重要的标识。品牌命名环节一般包括对品牌命名的调查与条件设定、品牌名称发散、品牌名称筛选3个环节。

1.品牌命名的调查与条件设定

建立一个品牌命名的5人小组,每个小组成员都要有明确的分工。在小组成立后,先从3个角度展开:首先,是对产品的认识。命名者要能用一句话概括出产品的特征、性能、精神,并且能用相关的词汇对产品进行

描述。其次,命名者要能明确表达产品的目标市场,以及目标顾客购买产品的心理动机。最后,要能清晰地知道所命名产品的竞争对手,以及竞争对手产品的特征与品牌名称。

品牌名称的限制条件因品牌的不同而不同,在进行正式的命名工作之前必须要求企业的最高执行者给出品牌名称的限制条件。在很多情况下企业的高层领导并不愿意说出他们的限制条件或者他们自己心中根本就没有这样的条件,这说明企业的高层领导还没有做好品牌命名的准备。这种情况下企业品牌命名的成功性较小。作为一个企业的高层领导或产品的最高负责人,必须清楚要把产品带向何方,必须知道产品的发展方向,如果连这个都不清楚,那么谁都无法帮助企业找到一个满意的品牌名称。

2.品牌名称的发散式命名

在消化了大量的资料之后,就进入了品牌名称的酝酿阶段。为了打开思路可以从以下角度进行:①在直觉思维的基础上进行设计。在有了大量资料的基础上,凭借着自己的直觉设计出 10~15 个名称。首先进入脑海的名称可能就是品牌的名称。②设计 10~15 个与产品/品牌形象直接相关的名称。产品/品牌的形象已经在品牌相关事物调查阶段得到了确认。这里可以用形容词或名词来进行描述。也就是选出那些与关键形象特征单词同义的单词。这样做的目的是从形象角度选出更多的可供选择的词汇。③从产品自身特征选出 10~15 个词汇。④设计出购买或使用该产品的心理动机的 10~15 个词汇。在命名困难时,也可以通过头脑风暴法、顾客交谈法甚至是查字典的方法来获取灵感。

3.品牌名称的筛选

本阶段实际上是对所设计的名称进行筛选。筛选可以从以下几个角度进行。

（1）从法律角度进行筛选。在筛选的第一阶段,可以将设计出来的品牌名称自行到国家市场监督管理总局网站或交给商标代理人进行注册商标的搜索,以确定它们在国内市场和国际市场的可行性。同时,要将与竞争者的商标发音、字形相同或非常相近且易造成误认的名称排除掉。

（2）运用德拉诺公司的"形象定位图"进行筛选(图 8-1)。将本品牌最合适的位置在下图中标出来,然后将每一个名称与之对照,判断是否适合该区域。如果适合该区域则可以使用,相反,若发现该名称更适合其他区域则不宜使用。

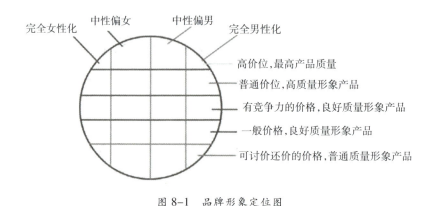

图 8-1 品牌形象定位图

（3）语言筛选。语言审核包括 3 个方面:语义、发音、字形。词语的含义应该是独特的,语义不仅要在本国没有任何负面影响,而且在所有其他语言中也没有负面影响。一般情况下中国的语言与西方的字母文字差别较大,在语义上不会造成太大误差;但是在日本和韩国则有可能造成误解,所以在名称确定前一定要在不同的语言中进行语义测试。一个品牌能否做大做强,其品牌含义可能也会有重大影响。在语音方面应注意以下要求:根据品牌与消费者距离设定音节数量,越高端的品牌音节越多,越亲民的品牌音节越少,但一般不得低于两个音节;音节要发音顺畅、响

亮、饱满,多用元音、后鼻音,避免谐音;字形方面,所选用字应非常简单,勿用生僻字,字形结构要有变化,书写美观,搭配效果最佳。

(4)准则筛选。在进行了以上一系列筛选后,可以用德拉诺的七大被证实准则进行筛选。七大准则分析是:通过一个伟大的创意,抓住产品的实质、特征或精神(最好能通过一个词);吸引顾客的注意力,激发想象力;确保能有和产品类型高度相符的声音质量;保持简单;通过对视觉、图像及声音的设计,使它永远地"驻留"在顾客的记忆中;牢牢地抓住产品的正确性别形象特征;让受众相信你所宣传的产品是物有所值的。

(5)在客户中进行最后筛选。本方法是德拉诺先生自创的方法,成本低但经过他自己测试具有 80%的有效性。客户的调查方法有两种:一种是简单的名称市场调查,另一种是"分数等级式"的名称市场调查。

(二)品牌标志设计

标志是品牌形象的核心部分,是表明品牌形象的识别符号。品牌标志设计不仅是实物的设计,也是一种图形与艺术的设计。

1.标志物设计

标志物是指品牌中的可视化、可感知的部分,即品牌 LOGO,一般与名称结合,可成为注册商标。标志物类型主要包括艺术化的品牌名字、符号、图形、图像、实体物等,可以是标志色、标志音、标志味、标志字的综合体。在设计农场品牌标志物时,可更多利用农场主的个人特征,甚至简单地将农场主大头照片作为品牌标志。标志物可以将信息迅速、准确地传递给消费者,是品牌建立中比较重要的一环。

2.标志色设计

标志色是特别设计的代表品牌理念的特殊颜色。色彩是人们分辨事物的一个重要手段,人的视觉是非常敏感的,视觉对色彩又是最敏感的。借助于消费者对色彩的不同联想,可利用色彩传达品牌理念。

3.标志音与标志味设计

标志音是指表达品牌理念的独特声音。标志音可以是一句话,也可以仅仅是一个音符。标志音可以促进人们对品牌信息的理解与记忆,从而更好地表达品牌理念。一般音像制品,标志音使用更为频繁,甚至有用歌曲来进行广告宣传的。我国已经在法律上支持标志音注册,明确了标志音可以成为商标的一部分。标志味是指用以表达品牌理念的一种特殊的味道。虽然多数国家还不能注册,但随着科技的进步,味道也将会成为品牌标志的一部分。

4.标志字设计

标志字原是欧美的印刷术语,是指把两个以上的文字铸成一体的字体,英文是 LOGOTYPE,又翻译成合成字、连字、标准字、标识字等。在这里我们认为品牌标志字是具有独特字体与风格,相互之间有着良好搭配的一组单词,它们可能是企业名称、品牌名称甚至是品牌口号。这些字体具有与品牌理念相一致的含义,可以起到很强的识别性。标志字设计时要能体现品牌理念,要有独特性,也要容易辨认。不同的字体、不同的线条都有对应的联想,结合标志色的应用,共同表达品牌理念。

三 农场品牌传播信息与策略设计

(一)农场主个人信息传播

农场主的个人信息,可以让消费者了解到农场主的为人、学历甚至家庭或成长环境等。在消费者对这些信息有一定了解的情况下,能够让消费者对该农场主生产的产品产生一定的好奇心和信任度,从而提升农产品的销量。

(二)农场环境信息传播

农场的环境信息,对于消费者来说相当重要。人类是一个极其喜欢联

想的生物,在不了解农场环境的情况下,消费者可能会觉得产品是在矿山、垃圾场、冶炼厂等环境中生产出来的,从而对产品抱有各种怀疑态度。而当消费者对农场环境有了足够的了解之后,发现这个农产品是在一个环境优美、没有污染的地方生产出来的,自然而然地就会对该产品产生一定的信任度。

(三)农场技术信息传播

农场的技术信息传播,可以满足部分有技术偏好的消费者的需求。例如觉得中国传统农耕方式才能生产出优质的农产品的消费者,在了解到农场的生产技术是采用传统的农耕技术,那么这类消费者就会对你的农产品产生极大的信任度。而喜爱现代技术、智慧农业的消费者,同样在了解到农场的现代生产技术之后,会对你的农产品产生一定的信任度和忠诚度。对于采用非化学除草剂方法控制杂草持怀疑态度的消费者,在了解农场的系列杂草控制技术之后,自然会对产品形成更多的信任。

(四)农场生产信息传播

农场的生产信息,对于消费者而言也是相当重要的。农产品生产的每一个步骤,所用的肥料、农药等生产资料信息,都要向消费者传达。这不仅能消除消费者的疑虑,更能向消费者展现农场的生产水平,从而提升农场产品的市场竞争力。

(五)农场产品信息传播

现在生鲜网站与微店数不胜数,但是它们却有一个很大的问题,即没有把产品的质量信息向消费者展现,更有甚者连重量等关键信息都没有。产品的信息传播,除了常规的质量、大小、生产日期等,也应该把该产品的功效、食用方法传达给消费者,这往往能使消费者在摇摆不定的时候倾向于相信该产品。

四 农场品牌保护

(一)农场品牌注册保护

农场品牌注册保护其实就是法律保护,这是品牌保护的最主要途径。而为了获得法律的保护, 在进行品牌商标注册时应坚持以下几个基本原则。

1.提前注册、及时续展

通过注册获得商标权,特别是商标专用权,是寻求法律保护的前提和基本保证。过去我国企业由于商标注册不及时而被国内同行或外商抢注的事件屡屡发生,迫使企业必须花重金买回本该属于自己的品牌,而农场由于资金不足,遇到这种情况基本上只能更换品牌名称,为再创声誉付出高昂的代价。值得注意的是,我国商标注册审批程序复杂,审批时间较长,这就要求农场在注册时间的选择上要采取提前注册的原则,即在产品生产出来之前就申请商标注册。同时,农场还必须注意商标的时效性。商标权超出法律规定的有效期限就不再受法律的保护,这就要求农场要设立科学的、完善的商标档案,农场主或管理人员要熟悉商标知识和我国商标法规,在规定期限内及时进行商标续展。

2.全方位注册

全方位注册的原则是指纵向注册和横向注册,国内注册和国际注册,传统注册和网上注册相结合,并注重防御性商标的注册。当然这需要农场投入一定的资金,但是农场应该在能力范围内尽量多注册与本品牌相关的防御性商标。例如,娃哈哈集团为有效防止其他企业模仿或抄袭自己的品牌,在注册了"娃哈哈"商标之后,又注册了"娃娃哈""哈哈娃""哈娃哈""哇哈哈"等一系列防御性商标;同样,老干妈也注册了"老干爹"等防御性商标。

(二)农场品牌宣传保护

1.坚持以消费者满意为中心的理念

品牌价值并不是一旦拥有就终生不变的,品牌价值会随着市场环境的变化和消费者需求的转变而波动起伏。农场要想维持品牌知名度、保持消费者忠诚度,就需要不断迎合消费者变化中的兴趣和爱好,生产出消费者满意的产品。

2.保持与消费者沟通的连续性

既然农场的品牌宣传要以消费者满意为中心,那么农场就需要保持与消费者的沟通,并保持沟通的连续性,不断将品牌信息传递给消费者,保持品牌在消费者心目中的良好形象。

3.维持品牌产品的定价标准

让消费者不计价格、无条件地忠于品牌是不可能的。一旦品牌产品的价格超过消费者的心理预期,或者时常波动,消费者就会对此比较敏感。品牌要想在市场上长久立足,维持合理稳定的定价标准是不可忽略的。

第九章 农场联合管理

第一节 现代家庭农场联合理论

现代家庭农场联合是指现代家庭农场通过不同的机制联合起来,形成一个更高层次的组织载体。我国现代家庭农场与现在的小农户一样,在没有组织化的情况下不仅遇到了"小生产、大市场"产品销售问题,还产生了生产成本难以降低等生产问题,农场联合问题的解决已经迫在眉睫。

现代家庭农场联合可以降低农场的整体成本。在现代家庭农场发展过程中,成本因素制约了现代家庭农场的发展。而成本的降低需要各类农场实现聚集,如种植与养殖农场的聚集可以分别降低双方的肥料与饲料成本。而农家乐、民宿、自然教育、亲子教育、乡村旅游等企业的聚集可以降低农场的营销成本,同时增加教育与旅游的深度。正是这种各类企业发展的内在相互需要性使得现代家庭农场必须实行组织化。

现代家庭农场联合可以形成农村经济发展的增长极。从现代农业角度来说,高度组织化的现代家庭农场可以提供更加丰富的产品,进而可以促进社区支持农业发展,推进城乡融合;与现代家庭农场相匹配,可以成立各类农产品加工、营销企业,这些企业与现代家庭农场相互促进,协同发展,实现乡村产业聚集;在产业聚集的基础上,依托农村环境优势,

各类消费型企业也会再集聚,如餐饮、住宿、文化、教育等。只要现代家庭农场实现了组织化发展,就可带来更多类型企业的集聚,进而形成农村产业发展的增长极,最终实现乡村全面振兴。

▶ 第二节 家庭农场联合载体设计

一 家庭农场联合主要方式

现代家庭农场联合有两种方式:一是组建合作社,各个农场成为合作社的成员,双方在合作中顺利发展;二是公司化,即以一个大公司的形式管理各个农场,各个农场相当于总公司的分公司或子公司。由于农业生产特性决定了家庭农场是农业生产最高效的组织形式之一,所以,在理论上可以很好地开展合作的总公司与子公司模式其实在农业中并不存在,而以股份经济合作社等方式进行合作更为可行。我国行政村组织已经建立了股份经济合作社,有的已经正式运营,这是现代家庭农场联合的有效载体。

二 农场联合载体设计

农场联合已经成为人们的共识。但具体以哪种方式进行联合,实践中仍有不同的探索。从现有较为成功的联合方式看,农民专业合作社、股份经济合作社、股份有限责任公司都有大量的成功范例,需要根据区域特征与农民意愿进行选择。合作社是指以人合为基础,民主管理、按劳分配与按需分配相结合的一种市场经济主体,包括农民专业合作社与股份经济合作社。其与现代市场经济主体的公司具有一系列本质性差异。

(一)目标不同

合作社的目标是促进社员发展,而非获得利润。合作社最早建立的目标是解决社会发展不公问题,所以其目标自然不是单纯获取利润,而是促进社员共同发展、共同富裕,进而减少社会不公所带来的社会不稳定因素。合作社发展的最终目标是员工的共同发展。

公司发展的目标非常明确,那就是为资本获取利润。公司可以通过加强员工发展获取利润,也可以通过侵占员工利益获取利润,但公司发展的最终目标是为资本获取更多的利润。

(二)合作方式不同

合作社是典型的人合组织,而非资合组织。所谓人合,就是以人的劳动为合作的基础,目标不是利润而是劳动力报酬最大化。而资合就是资本的合作,其最终目的是实现资本利润最大化,其剩余索取权全部按资本进行分配。合作社是为了解决劳动被资本剥削的问题,所以合作社肯定是人合的,而非资合。合作社内部各管理环节的设计都是为人合服务的,如合作社股份相对平均,接近一人一份;而决策时多为一人一票,而非按股投票;分配时多为二次分配,且以交易量为二次分配依据而非股份;等等。

公司是典型的资合组织,其决策、管理都由资本决定。在正常情况下,由资本控制董事会,而董事会聘请职业经理人,职业经理人再对普通员工进行管理。公司可以在任何环节进行整合,但都是以上级督查形式保证员工劳动效率。正因为公司监管的这种设计方式,其在农业生产环节效率非常低,但在加工、营销环节效率却非常高。在公司内部一般都假设员工是"X型人才",所以其效率依赖于监督。

(三)管理方式不同

合作社是一人一票制,以人为主。与合作社人合机制相匹配,其管理是"一人一票"的民主管理。由社员共同决定合作社的事务,而不是少数大股东说了算。而且为了充分发挥民主的本质,合作社管理决策是在征求每个人意见基础上做出的,汇集了集体的智慧。合作社的民主本质就是让民众作主,调动所有社员的积极性。

公司是一股一票,与人无关。在公司决策权中,所持股份越多代表持有票数越多,决策权也越大。因此,公司决策权是由大股东掌控的,一般的员工实际上无决策权。而大股东代表更多的是资本利益,而非普通员工利益,这就是资合与人合的本质差异。

(四)利润分配方式不同

合作社利润分配以交易额为依据,而非股份。谁的报酬无法界定时,就把剩余索取权给谁。当企业的资本具有明确的报酬时,资本不应该掌握剩余索取权,掌握索取权的应该是企业管理者,因为他们的报酬无法明确界定。当合作社管理非常简单时,其管理者报酬可以通过经理市场界定,而交易者所带来的利润影响无法界定,所以就应该拥有剩余索取权。

(五)社区责任不同

合作社强调社区教育与社员成长,而非主体独立发展。这是弱者对抗强者的方法。但弱者联合时,必须要将自己的一部分行动自由让渡出来,这样才能形成合力。这就是合作社强调社区教育的原因。

公司没有带动社区发展的义务。少数公司不但不关注社区发展,甚至有损害社区的行为出现,如环境污染、扰乱市场等。但优秀的公司也会关注社区,并将其纳入公司公关业务当中。现代营销强调的社会营销理念也是要求公司能关注社会发展,所以优秀的公司最终都会关注社会的整体发展。

通过上述比较可以发现,合作社比公司制更能观照普通员工的利益,

更能带动更多普通人的发展,所以在理论上更适合作为现代家庭农场联合组织的载体。当然我国的合作社又细分为农民专业合作社与股份经济合作社。农民专业合作社主要是专业性合作,倾向于某种具体的商品与服务的联合。而股份经济合作社实际上是一种综合社,可以经营各类型业务,代表的是农民集体经济。股份经济合作社已经在农业系统内赋码登记,并逐渐开展经营,将是农场联合后的最合适载体。